成语说文物

济南市考古研究院　编著
李铭　主编

齊魯書社
·济南·

图书在版编目（CIP）数据

成语说文物 / 济南市考古研究院编著；李铭主编．-- 济南：齐鲁书社，2022.12（2025.1 重印）
ISBN 978-7-5333-4648-5

Ⅰ．①成… Ⅱ．①济… ②李… Ⅲ．①汉语－成语 ②文物－介绍－济南 Ⅳ．①H136.31 ②K872.521

中国版本图书馆 CIP 数据核字（2022）第 231031 号

责任编辑：贺 伟 马安钰
装帧设计：赵萌萌

成语说文物

CHENGYU SHUO WENWU

济南市考古研究院 编著
李 铭 主编

主管单位	山东出版传媒股份有限公司
出版发行	齊鲁書社
社　　址	济南市市中区舜耕路 517 号
邮　　编	250003
网　　址	www.qlss.com.cn
电子邮箱	qilupress@126.com
营销中心	（0531）82098521　82098519　82098517
印　　刷	日照日报印务中心
开　　本	880mm × 1230mm　1/32
印　　张	9.5
插　　页	3
字　　数	205千
版　　次	2022年12月第1版
印　　次	2025年1月第2次印刷
标准书号	ISBN 978-7-5333-4648-5
定　　价	68.00元

编 委 会

主　任　李　铭　郭俊峰

主　编　李　铭

副主编　杨　阳　刘丽丽　柴　懿

编　委　郝素梅　房　振　何　利　邢　琪
刘秀玲　刘慧敏　武艳华

前　言

众人皆说，成之于语。成语朗朗上口、言简意赅，是中华民族特有的文化现象，是人们书面交流和日常沟通中使用的高频词汇。成语源远流长，大部分存在于经史典籍中，其中的历史故事、蕴含的深刻道理和丰富的精神内涵，经过凝练浓缩、千年传承，已深深融入中国人的生活之中。

成语意义精辟，来源于生活，包含了许多古人日常生活中使用的器物。例如：“斧钺之诛”的“钺”，“休戚相关”的“戚”，“权宜之计”的“权”，“镇定自若”的“镇”，“曲水流觞”的“觞”，“一言九鼎”的“鼎”，“酎金夺爵”的“爵”……人们根据其生产生活的用途讲述一个故事，从一个故事引申出一个深刻的道理，总结为成语又用于生活之中，正所谓“源于生活，高于生活”。但很多古代器物已退出了现在人们的生活，虽然相关的成语仍然在使用，人们对其中涉及的器物却已不熟悉甚至非常陌生，对成语的来源与其背后的典故也一知半解。《成语说文物》，在成语与文物之间架起沟通的桥梁，讲述文物背后的成语故事，让成语更具象，让文物更亲切。

《成语说文物》一书从大家耳熟能详的成语入手，结合济南市考古研究院25年来发掘出土的相关文物，用通俗易懂、深入浅出的语言进行解读，希望读者能够通过一件件真实可见的文物，了解古人的文化背景和生活场景，理解文物背后的成语故事，带领读者深入理解成语，做到知其然更知其所以然。一张张高清的文物照片，则可以帮助读者直观地认识、了解各时期发掘出土的文物及标本，让读者轻松认识文物，感悟先民无穷的智慧和非凡的创造力，更加直观地理解成语的内涵。图文并茂的编写形式有助于读者了解陌生的成语，重新认识、理解熟悉的成语，最后达到成语、历史、文物三者之间的融会贯通。因此，本书适合各年龄阶段的读者阅读。

为了增加本书的知识性和趣味性，编者在每篇末尾增加了相关的成语释义和文献出处，绝大部分资料来源于《成语大词典》，对于部分没有找到原出处的成语，也列举了相应示例，以便帮助读者理解成语含义，掌握实际用法。

中华文明源远流长、博大精深，是中华民族独特的精神标识，是当代中华文化的根基，是维系全世界华人的精神纽带。成语作为中华文明的智慧结晶，应当被我们守护、传承和弘扬。考古工作担负着实证及展示中华文明起源和发展的历史脉络、实证及展示中华文明的灿烂成就、实证及展示中华文明对世界文明的重大贡献的历史重任。济南市考古研究院作为山东省六个具有国家团体考古发掘资质的单位之一，长期致力于济南市的文物保护工作，长期致力于中华文脉的守护和传承，成立至今，考古发掘出土文物已超过 1 万件。本书用“实物”去解读成语是对济南考古成果的展示和传播，是实证和展示中华文明取得的灿烂成就的创新举措，也是让文物“活”起来的探索和尝试。

本书的完稿恰逢济南市考古研究院建立 25 周年，正可以本书纪念之。

李铭　郭俊峰

2022 年 12 月

目 录

九五之尊　尊师重道

我们在博物馆欣赏精美的青铜器时，除了能看到各式各样古人使用过的器物，大小不同，造型奇巧，还能收获一堆距离我们生活比较远的字：尊、爵、觥、觚、彝、卣、罍、瓿、卮、缶、斝、盉……。看了介绍才恍然大悟，原来这些都是古人使用的酒器呀，不禁让我们对古人的日常生活产生了无限遐想。这里我们先聊聊其中的一种器物——尊。

中国制酒历史源远流长，在殷商时期便有了盛酒的青铜器皿。后来因青铜铸造技术的成熟与生产力的提高，青铜酒器达到了前所未有的繁荣，青铜尊就是其中的代表之一，可谓是中国文物中的瑰宝。“尊”字始见于商代甲骨文。该字上面是个“酉”字，字形像一个尖底的酒坛子，因为“酉”字与“酒”有关，在此可理解为酒器。而“尊”字下面的符号则指人的双手，其形象有如人以双手捧着酒器一样，以示进献之意，因此“尊”字用作形容词时也表示“尊贵”的意思。《殷周青铜器通论》中称青铜尊为一种大而圈足的盛酒器，是中国古代青铜器中的重要器皿之一，作盛酒之用，为古代王公贵族所拥有，以象征其地位的尊贵。陆游曾在《杂感》诗中写道：“一尊易致蒲萄酒，万里难逢鹳鹊楼。”

奥体中路汉墓
出土绿釉陶尊

青铜尊盛行于商代和西周时期，至西汉时期消亡，伴随着整个青铜酒器的发展、兴盛、衰落，其地位始终没有被其他器皿代替。

此外，青铜尊亦是一种古代祭祀时所用的重要礼器，特别受古人尊重，因此“尊”字又引申出尊重、尊贵、尊敬等由“尊”而起的词，并沿袭至今。根据《周礼》记载，“六尊”分别指牺尊、象尊、著尊、壶尊、大尊、山尊，多用之祭祀礼客。但是到了春秋后期，作为祭祀用品的尊，渐渐地走下了祭坛，走上了餐桌，尊的造型也发生了改变，比如禽尊、牛尊、象尊、虎尊、鹰形尊等，都是直接按照动物的形状制作的。因造型可爱，放在餐桌上，既有青铜的庄重，又增加了情趣，这些改良尊可以说十分接地气了。

其实早在新石器时代就有尊出土，即陶尊，也称大口尊。大口尊曾经一度流行于新石器时代至商周时期。它的造型奇特，敞口，凸圆肩，口部略大于肩部，深腹。其功能十分多样，可作为酿酒器、粮食加工器、特殊盛器、祭祀礼器等使用。因为大口尊是古代人们的一种日常生活用具，所以在古代十分普遍，在考古遗址中多有发现。大汶口文化遗址出土带有刻画符号的大口尊，其中的符号之一上部为一个圆圈，中部是一个火焰的形状，下面是山峰的样子。而对于大口尊上的刻画符号的解释，目前还没有确切的定论，主要有两种不同的说法：一种是将这三部分分别释读，解释为“日月山”的文字合体；另一种是将三部分看作一个整体，解释为“炅”字。

章丘合庄墓地出土
东汉绿釉陶尊

泰安宁阳出土大汶口
文化晚期大口尊

随着时代车轮的滚滚向前，尊也在我们的文化中留下了自己的身影，咱们常用的许多成语和俗语都与尊有关。“悉听尊便”指任由对方想怎么做就怎么做。“养尊处优”指人处于尊贵的地位，享受优裕的生活，这个成语多含贬义。“九五之尊”比喻帝王的尊位，因易学家认为《周易·乾卦》九五爻是人君的象征，后用“九五”来比喻帝王。“唯我独尊”形容人极端自高自大。“尊师重道”比喻尊敬老师，重视应该遵循的道理。“长幼尊卑”指辈分大小、地位高低。

成语释义

尊主泽民

意思：尊崇君主，泽惠生民。

出处／示例：宋·苏轼《与李公择书》之十一："兄虽怀坎壈于时，遇事有可尊主泽民者，便忘躯为之，祸福得丧，付与造物。"

无佛处称尊

意思：在没有佛的地方就自尊自大。比喻在没有能手的地方逞能。

出处／示例：宋·黄庭坚《跋东坡书寒食诗》："应笑我于无佛处称尊也。"

富贵尊荣

意思：旧时形容有钱有势，门庭显赫。

出处／示例：《管子·重令》："而群臣必通外请谒，取权道，行事便辟，以贵富为荣华以相稚也，谓之逆。"

尊贤爱才

意思：尊重和爱护有道德和才能的人。

出处／示例：清·吴敬梓《儒林外史》第三十一回："你这位贵老师总不是甚么尊贤爱才，不过想人拜门生受些礼物。"

折冲尊俎

意思：在会盟的筵席上通过谈判制胜对方。

出处／示例：《战国策·齐策五》："此臣之所谓比之堂上，禽将户内，拔城于尊俎之间，折冲席上者也。"

纡尊降贵

意思：指地位高的人自抑身份。

出处／示例：南朝梁·简文帝《昭明太子集序》："降贵纡尊，躬刊手掇。"

万乘之尊

意思：代指天子。

出处/示例：《宋书·礼志二》：“陛下以万乘之尊，履布衣之礼，服粗席藁，水饮蔬食，殷忧内盈，毁悴外表，而躬勤万机，坐而待旦，降心接下，仄不遑食，所以劳力者如斯之甚。”

师严道尊

意思：本指老师受到尊敬，他所传授的道理、知识、技能才能得到尊重。后多指为师之道尊贵、庄严。

出处/示例：《荀子·致士》：“师术有四，而博习不与焉：尊严而惮，可以为师。”《礼记·学记》：“凡学之道，严师为难。师严然后道尊，道尊然后民知敬学。”

尊年尚齿

意思：指尊重老年人。

出处/示例：《周书·武帝上》：“尊年尚齿，列代弘规，序旧酬劳，哲王明范。”

安富尊荣

意思：安定富足，尊贵荣华。也指安于富裕安乐的生活。

出处/示例：《孟子·尽心上》：“君子居是国也，其君用之，则安富尊荣；其子弟从之，则孝悌忠信。”

势位至尊

意思：权势和地位极其尊贵。旧指帝王权势地位至高无上。

出处/示例：《荀子·正论》：“天子者势位至尊，无敌于天下。”

德隆望尊

意思：德行高，声望大。多用以称颂年高德劭且有声望的人。

出处/示例：明·宋濂《送东阳马生序》：“先达德隆望尊，门人弟子填其室，未尝稍降辞色。”

尊卑有伦

意思：指尊卑之间有严格的顺序。

出处/示例：《旧唐书·礼仪志一》："制礼定名，合从事实，使名实相副，则尊卑有伦。"

简墨尊俎

意思：谓文墨交往，宴饮游从。

出处/示例：宋·释文莹《玉壶清话》卷三："国初，太宗建太宁军节，公谒之，倾意投接，为掌书记。游从觞咏，情礼深厚，公长于太宗，简墨尊俎，常以兄呼之。"

尊无二上

意思：指国无二君，引申为至高无上。

出处/示例：《礼记·坊记》："天无二日，土无二王，家无二主，尊无二上。"

尊酒论文

意思：一边喝酒，一边谈论文章。

出处/示例：明·无名氏《渭塘奇遇》第一折："每常四方贤客，有往来者，我常会于宅第，尊酒论文。"

问鼎中原　三足鼎立

刘家庄遗址出土商代铜鼎

青铜文化是中国古代先民创造的灿烂文化之一。夏商周时期是青铜器发展的巅峰时期，这一时期青铜冶炼技术愈发成熟，青铜器的纹饰雕刻愈发美轮美奂。鼎作为青铜器中最能代表至高无上权力的器物，在夏商周时期散发着耀眼的光芒。

据考古资料显示，青铜鼎的前身是陶鼎，而陶鼎是先民们日常生活中用来煮饭的炊器，制造陶鼎的原始材料只是普通的泥土。随着青铜器的出现，青铜鼎随之产生。三代及秦汉延续两千多年，鼎一直是最常见和最重要的器具之一。鼎有三足的圆鼎和四足的方鼎两类，又可分有盖的和无盖的两种。汉代许慎在《说文解字》中说："鼎，三足两耳，和五味之宝器也。"他将鼎的特征归纳为有三只脚和两个耳朵，是大禹所制造的烹调五味的宝器。传说夏禹曾收九牧之金铸九鼎于荆山之下，以象征九州，并在上面镌刻魑魅魍魉的图形，让人们警惕，防止被其伤害。自从有了禹铸九鼎的传说，鼎就从一般的炊器发展为传国重器，与最早一统天下的权力观念有了直接联系。国灭则鼎迁，夏朝灭，商朝兴，九鼎迁于商都亳（bó）京；商朝灭，周朝兴，九鼎又迁于周都镐（hào）京。历商至周，都把定都或建立王朝称为"定鼎"，鼎成为所有青铜器中最能代表至高无上权力的器物。

刘家庄遗址出土商代铜鼎

鼎又是旌功记绩的礼器。

刘家庄遗址出土商代铜鼎

大辛庄遗址出土商代铜鼎

周代的国君或王公大臣在重大庆典或接受赏赐时都要铸鼎，以记载盛况。有一种成组的鼎，形制由大到小，成为一列，称为列鼎，通常为单数。列鼎的数目在周朝时代表着不同的身份等级。据文献记载，九鼎应为天子之制，七鼎为诸侯之制，五鼎代表卿大夫级别，三鼎、一鼎为士级。

鼎被视为传国重器、国家和权力的象征，“鼎”字也被赋予“显赫”“尊贵”“盛大”等引申意义，并衍生出很多与鼎相关的成语，如一言九鼎、大名鼎鼎、鼎力相助等。《左传》中记载，鲁宣公三年，楚庄王想要取周而代之，于是便借朝拜周天子的名义带领大军前往国都附近询问九鼎的重量，大有夺取周朝天下之势。之后，“问鼎中原”就成为企图夺取天下的代名词。东汉末年，荆州牧刘表病死，刘表的儿子投降曹操。刘备被迫南撤，孙权派鲁肃去联络刘备，诸葛亮认为可以联吴抗曹。孙权多谋善断，分析曹操犯了用兵之忌，于是与蜀军在赤壁大破曹操号称八十万大军，形成三足鼎立的局面。自此之后，“三足鼎立”便比喻三方面对立的局势。

济南大辛庄和刘家庄遗址出土了青铜圆鼎和方鼎，时代都为商代晚期。此外，大辛庄遗址还出土了一件制作非常精美的小铜鼎，高不足10厘米，表面饰蝉纹，口部内侧还带有铭文，是非常难得的研究资料。刘家庄遗址出土的方鼎是该遗址出土的唯一一件青铜方鼎，其历史价值和文物价值不言而喻。

大辛庄遗址出土商代铜鼎

成语释义

春秋鼎盛

意思：比喻正当壮年。春秋：指年龄。鼎盛：正当旺盛之时。

出处/示例：汉·贾谊《新书·宗首》："天子春秋鼎盛，行义未过，德泽有加焉。"

大名鼎鼎

意思：形容名气很大。鼎鼎：盛大的样子。

出处/示例：清·李宝嘉《官场现形记》第二十四回："你一到京打听人家，像他这样大名鼎鼎，还怕有不晓得的。"

鼎铛有耳

意思：指某人或某事影响大，凡是长耳朵的都应该听说、知道。鼎、铛：均为两耳三足的金属炊具。

出处/示例：宋·司马光《涑水记闻》："太祖宠待赵韩王如左右手。御史中丞雷德骧劾奏赵普强市人第宅，聚敛财贿，上怒，叱之曰：'鼎铛尚有耳，汝不闻赵普吾之社稷臣乎？'"

鼎铛玉石

意思：视鼎如铛，视玉如石。形容生活极端奢侈。

出处/示例：唐·杜牧《阿房宫赋》："鼎铛玉石，金块珠砾。"

鼎鱼幕燕

意思：宛如鼎中游动的鱼、帷幕上筑巢的燕子。比喻处于极危险境地的人或事物。

出处/示例：南朝梁·丘迟《与陈伯之书》："而将军鱼游于沸鼎之中，燕巢于飞幕之上，不亦惑乎。"

革故鼎新

意思：旧指朝政变革或改朝换代。现泛指除去旧的，建立新的。

出处/示例：《周易·杂卦》："革，去故也；鼎，取新也。"

九鼎大吕

意思：比喻说的话力量大，分量重。

出处/示例：《史记·平原君列传》："毛先生一至楚，而使赵重于九鼎大吕。"

举鼎拔山

意思：能将大鼎举起，能将高山拔动。比喻力大气壮。

出处/示例：明·张四维《双烈记·虏骄》："王基霸业今朝定，举鼎拔山盖世强。"

举鼎绝膑

意思：双手举鼎，折断胫骨。比喻能力小，不能负担重任。绝：折断。膑：胫骨。

出处/示例：《史记·秦本纪》："王与孟说举鼎，绝膑。"

列鼎而食

意思：形容豪门贵族的奢侈生活。

出处/示例：汉·刘向《说苑·建本》："累茵而坐，列鼎而食。"

牛鼎烹鸡

意思：用煮一头牛的大锅煮一只鸡。比喻大材小用。

出处/示例：《后汉书·边让传》："函牛之鼎以亨（烹）鸡，多汁则淡而不可食，少汁则熬而不可熟。"

人声鼎沸

意思：形容人群的声音吵吵嚷嚷，就像煮开了锅一样。

出处/示例：明·冯梦龙《醒世恒言》卷十："一日午后，

刘方在店中收拾，只听得人声鼎沸。”

三牲五鼎

意思：旧时形容祭品丰盛。后来也形容食物丰富美好。

出处/示例：元·高明《琵琶记·蔡公逼伯喈赴试》：“三牲五鼎供朝夕，须胜似啜菽并饮水。”

四海鼎沸

意思：形容天下大乱。四海：古人以为中国四境有海环绕，用以指全国各地。鼎沸：比喻局势不安定，如同鼎水沸腾。

出处/示例：《晋书·祖逖传》：“若四海鼎沸，豪杰并起，吾与足下当相避于中原耳。”

调和鼎鼐

意思：于鼎鼐中调味。比喻处理国家大事，多指宰相职责。鼐：大鼎。

出处/示例：《旧唐书·裴度传》：“果闻勿药之喜，更俟调鼎之功。”

一言九鼎

意思：一句话抵得上九鼎重。比喻说话力量大，能起很大作用。

出处/示例：《史记·平原君列传》：“毛先生一至楚，而使赵重于九鼎大吕。毛先生以三寸之舌，强于百万之师。胜不敢复相士。”

钟鸣鼎食

意思：击钟列鼎而食，形容贵族的豪奢生活。

出处/示例：《史记·货殖列传》：“洒削，薄技也，而郅氏鼎食。……马医，浅方，张里击钟。”唐·王勃《滕王阁序》：“闾阎扑地，钟鸣鼎食之家。”

酎金夺爵　卖官鬻爵

饮酒需持器。中国人历来讲究美食美器，强调“非酒器无以饮酒，饮酒之器大小有度”，可见古人饮酒之时非常讲究酒器的精美与适宜。尤其是在崇尚饮酒的商代，由于青铜器制作技术的提高，我国的青铜酒器达到前所未有的繁荣。这一时期的青铜酒器主要有爵、角、觚（gū）、觯（zhì）、斝（jiǎ）、尊、壶、卣（yǒu）、方彝（yí）、枓（dōu）、罍（léi）等。我们接下来要讲的，就是各种影视剧中经常出现的酒器——爵。

刘家庄遗址出土商代铜爵

爵字始见于商代甲骨文与金文。爵可以说是最早的酒器之一，流行于夏商周三代，功能上相当于现代的分酒器或温酒壶。爵的一般形状是前有流，即倾酒的流槽，

刘家庄遗址出土商代铜爵

后有尖锐状尾，中为杯，一侧有鋬，下有三足，流与杯口之际有柱。《周易·中孚》中载：“我有好爵，吾与尔靡之。”是说我有好酒，与你共享。在此爵则代指“酒”“饮酒”。在古代能使用爵的人通常地位比较高，因而“爵”亦被借作爵位，《礼记·王制》有载：“王者之制禄爵，公、侯、伯、子、男凡五等。”商周时期往往会因功赐爵，也称“计功受爵”，《韩非子·五蠹》中曾记载：“以其有功也爵之。”这里的“爵”用作动词，表示授予爵位。我们现在常用的成语“加官进爵”便是提升官职之意。

到汉代，汉武帝实行推恩爵，即封爵一般由诸王嫡长子世袭传递，庶子推恩为列侯。于是后面有了酎（zhòu）金夺爵的故事。我们先从酎酒说起。汉武帝时制定《酎金律》：以正月旦作酒，八月始成，叫酎酒，以酎酒祭祀宗庙，称为酎祭。此时，皇帝亲率群臣祠祭宗庙，诸侯须按各自封地内的人口多少向朝廷奉献贡金，助天子祭祀，所献贡金称为酎金。汉律《金布令》规定：所献酎金色恶（即成色不好），王削县、侯免国。汉武帝元鼎五年（公元前112年）夏四月，南越国丞相吕嘉谋反，汉王朝出兵十万远征南越，而数百列侯竟无一人从军，汉武帝大为恼怒。九月，汉武帝酎祭宗庙时，以列侯所献酎金成色不好或斤两不足为名，夺免106位列侯的爵位，丞相赵周也因明知列侯酎金轻却不揭发检举而被下狱，后自杀。这便是著名的酎金夺爵事件。

除了酎金夺爵，我们经常用到的高官显爵、渊鱼丛爵、传爵袭紫、卖官鬻爵等成语也与爵相关。而说到卖官鬻爵，历史上买卖官职的事可并不少见。最早“卖官鬻爵”的应是秦始皇，公元前243年发生蝗灾，秦始皇发布命令，准许百姓交够千石粟米即可进一级爵位。到东汉灵帝刘宏时则公开出售官职，甚至设置专门从事买卖的交易所“西邸”，以官职的大小和任职的好坏确定官价的高低，以至于三公九卿等要职也一律明码标价出售，导致朝纲败坏、民不聊生，最终百姓揭竿而起，黄巾起义爆发。

爵不仅是一种饮酒器，也可以作为礼器使用。在古代，祭天地、宴宾客以及各种仪式中，祭酒是不可缺少的环节。贵族墓葬中也常常陪葬各类酒器，酒器数量往往与墓主身份相匹配。因此，在一座墓中出土的酒器越多，墓主人的身份地位就越尊贵。

济南考古馆中展示的青铜爵大部分出土自大辛庄和刘家庄遗址商代墓，虽然高矮胖瘦不一，但形制基本相同，也体现出

大辛庄遗址出土商代铜爵

墓主人非同一般的身份与地位。大辛庄遗址中出土的部分铜爵上带有铭文，而刘家庄 M121 中出土的 M121∶5、M121∶21、M121∶37 诸铜爵鋬内腹壁上刻有族徽铭文“”。此铭文其他地区也有较多发现，见于灵石旌介、殷墟等地。初步判断“”族是殷商时期居住在济南刘家庄一带，与殷商王族有着密切关系的氏族。刘家庄 M121 的墓主人当为“”族贵族、军事将领。

除爵之外，大辛庄遗址和刘家庄遗址还出土了觚、觯、卣、斝、罍、壶等其他类型的酒器，既表明墓主人尊贵的身份和地位，又体现出商人嗜酒的风气。

成语释义

高官显爵

意思：官职很高，爵位显赫。显：显要，显赫。爵：爵位，官爵。

出处／示例：明·徐元《八义记》：“顺吾者高官显爵，逆吾者灭族亡身。正是一朝权在手，便把令来行。”

传爵袭紫

意思：指继承高爵显位。

出处／示例：汉制，公侯皆佩紫绶龟纽金印。

高爵重禄

意思：泛指爵位高，俸禄厚。

出处／示例：清·褚人获《隋唐演义》第一回：“看官们，

你道征伐是一刀一枪事业，胜负未分，晋王乃隋亲王，高爵重禄，有甚不安逸，却要做此事？”

计功受爵

意思：衡量功绩而授予爵禄。

出处／示例：三国魏·曹操《让九锡表》：“量能处位，计功受爵，苟所不堪，有殒无从。”

武爵武任

意思：依据战功的大小给予爵位和官职。

出处／示例：《商君书·去强》：“兴兵而伐，则武爵武任必胜。”

析圭担爵

意思：指任官受爵。

出处／示例：《明史·倪岳传》：“命将徂征，四年三举，绝无寸功。或高卧而归，或安行以返。析圭担爵，优游朝行，辇帛舆金，充牣私室。”

渊鱼丛爵

意思：比喻为政不善，结果驱使人民投向敌方。

出处／示例：《孟子·离娄上》：“故为渊驱鱼者獭也，为丛驱爵者鹯也，为汤、武驱民者桀与纣也。”

卖爵鬻子

意思：因生活所迫，出卖爵位和子女。鬻：卖。

出处／示例：汉·贾谊《新书》：“岁恶不入，请卖爵鬻子，既或闻耳矣。”

大动干戈　化干戈为玉帛

《左传》曰："国之大事，在祀与戎。""祀"即祭祀活动，仪式庄严而隆重；"戎"则指军事战争，古人出征之前要举行盛大的祭祀活动，祈求战而能胜。二者同为国家大事。

工欲善其事，必先利其器，兵器作为战争中的制胜利器是非常重要的。商周时期，各方国之间的战争异常频繁，为了获胜，当时的王室贵族毫不吝惜珍贵的青铜，用青铜铸造了大量工艺精巧、杀伤力极强的兵器，戈即其中之一。铜戈的前身是石镰。在考古发掘的墓葬中，有一定身份的人陪葬方有戈。标准的戈由戈头、柲、柲帽和镈组成。戈头分为援、内、阑、胡四部分；柲是木柄；帽是套在柲顶端用于加固柲上端凿孔的附属物；镈是柄尾端的一个锥形零件，保证戈插在地上时不会歪斜。战国时期，戈的形制发生改变，戈援与柲相交处的翘角更大，内部加上刃且向上翘起，胡的长度也有所增加，成为长胡多穿式戈。

戈是冷兵器时代的一种重要兵器，被列为"五兵"之一，在很长一段时间内享有"铜戈一出，谁与争锋"的荣耀。为什么戈会成为如此重要的兵器呢？这主要是由商周时期的作战方式——车战决定的。戈的构造很特殊，垂直装柄，横刃有锋，交战时既

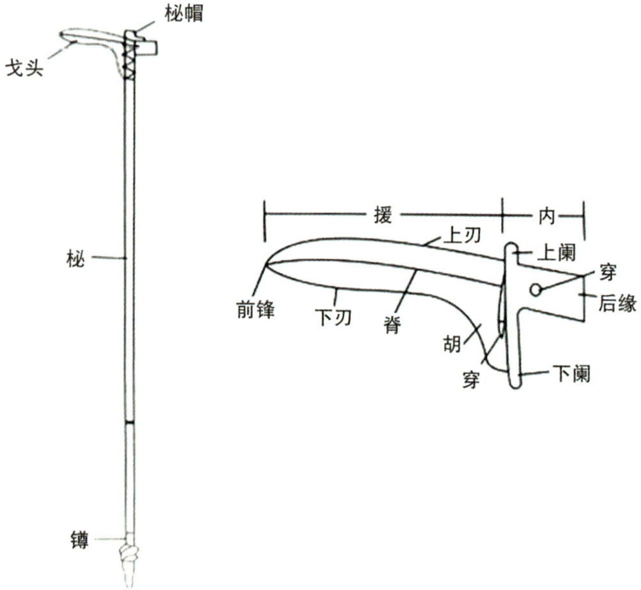

戈的构造

可以横击、啄刺（戈的尖锋啄击力量比用矛直刺要大得多），又能后拉钩杀，此特性是其他武器无法具备的。特别是在车战中，敌我双方的战车在互相接触时才能交手，战机稍纵即逝，用戈钩啄就成为最有效的格斗方式。汉代以来，随着铁兵器的广泛使用，戈逐渐退出军事历史舞台。

戈不仅在战争中做出巨大的贡献，也衍生出很多以戈为基本结构的汉字，如戎、戏、战、威等。在中国古代文献中，进攻性的兵器“戈”与防御性的兵器“干”合称“干戈”，泛指各类兵器。凡军事作战必“动干戈”，于是“干戈”成为一切军事行动的代名词，随之也产生一个个与之相关的成语，如大动干戈、同室操戈、

刘家庄遗址出土商代玉戈

刘家庄遗址出土商代铜戈

化干戈为玉帛等。“大动干戈”原指大规模地进行战争，现多比喻兴师动众或大张声势地行事；“化干戈为玉帛”指变战争为和平。周武王伐纣时在牧野誓师，“称尔戈，比尔干，立尔矛”，命令士兵们举起手中的戈同他一起宣誓。纣王军队也多数操戈作战，后来被压迫的奴隶不肯为商纣王卖命，参加了武王的队伍，调转戈头方向攻击纣王，遂使殷军大败。故“前徒倒戈”的意思是前面的部队投降敌方，反过来打自己人。史书上也将两国交战称为“兵戈相见”，后来“兵戈相见”成为以武力相见、用战争解决问题的代名词。

大辛庄遗址出土商代铜戈

大辛庄遗址出土商代玉戈

平阴西山墓地出土战国铜戈

大辛庄遗址出土商代铜戈

刘家庄遗址出土商代铜戈

刘家庄遗址出土商代铜戈

刘家庄遗址出土商代玉戈

平阴西山墓地出土战国铜戈

济南考古馆中陈列的青铜兵器主要出土于济南大辛庄遗址、刘家庄遗址商代墓和平阴西山墓地战国墓中，种类有戈、矛、镞、刀、卷首刀等，不仅有实用器，也有明器。另外，还有作为礼器使用的玉戈和玉戚，它们是高规格墓葬的象征，可见墓主人身份之高贵，手握重兵，能指挥千军万马。发生在这些兵器身上的故事已随风而逝，现在的它们静静地躺在济南考古馆的展柜中，平和安宁，但它们身上的累累伤痕似乎还在倾诉着它们经历过的那段惊心动魄、血雨腥风的历史。

成语释义

杯酒戈矛

意思：比喻在宴会上引起的仇恨。

出处/示例：清·蘧园《负曝闲谈》第二十五回："就是有天在吴侍郎席上，他请教我，我没有理会他那个人，这真是杯酒戈矛了！"

倒戈卸甲

意思：比喻放下武器认输。

出处/示例：宋·释普济《五灯会元》卷二十："问：'人皆畏炎热，我爱夏日长。薰风自南来，殿阁生微凉时如何？'师曰：'倒戈卸甲。'"

倒置干戈

意思：把武器收藏起来，不再打仗。

出处/示例：《史记·留侯世家》："倒置干戈，覆以虎皮，以示天下不复用兵。"

反戈相向

意思：掉转兵器，相与对立。比喻帮助敌人反对自己一方。

出处/示例：《尚书·武成》："前徒倒戈，攻于后以北。"

横戈跃马

意思：横持戈矛，策马腾跃。形容将士威风凛凛，准备冲杀作战的英勇姿态。

出处/示例：元·陈以仁《雁门关存孝打虎》："见一人雄赳赳披袍擐甲，嗔忿忿横枪跃马。"

化干戈为玉帛

意思：比喻使战争转变为和平。

出处/示例：汉·刘安《淮南子·原道训》："昔者，夏鲧作三仞之城，诸侯背之，海外有狡心。禹知天下之叛也，乃坏城平池，散财物，焚甲兵，施之以德，海外宾伏，四夷纳职，合诸侯于涂山，执玉帛者万国。”

挥戈反日

意思：挥舞兵器，赶回太阳。比喻排除困难，扭转危局。

出处/示例：汉·刘安《淮南子·览冥训》：“鲁阳公与韩构难，战酣日暮，援戈而伪之，日为之反三舍。”

金戈铁马

意思：戈闪耀着金光，马配备了铁甲。比喻战争，也形容战士持枪驰马的雄姿。

出处/示例：《新五代史·李袭吉传》：“金戈铁马，蹂践于明时。”

抛戈弃甲

意思：丢掉武器，扔掉铠甲。形容军队被打得狼狈逃窜的情形。

出处/示例：清·褚人获《隋唐演义》第五十三回：“部下听得，一齐抛戈弃甲跪倒。”

入室操戈

意思：到他的屋里去，拿起他的武器攻击他。比喻引用对方的论点反驳对方。

出处/示例：《后汉书·郑玄传》：“时任城何休好《公羊》学，遂著《公羊墨守》《左氏膏肓》《穀梁废疾》；玄乃发《墨守》，针《膏肓》，起《废疾》。休见而叹曰：‘康成入吾室，操吾矛，以伐我乎！’”

同室操戈

意思：自家人动刀枪。指兄弟争吵，泛指内部斗争。

出处/示例：《左传·昭公元年》。郑国徐吾犯之妹有美色，公孙楚与其从兄公孙黑争娶之。楚已纳聘，黑欲强夺，公孙楚“执戈逐之，及冲，击之以戈”。

枕戈待旦

意思：立志杀敌，枕着武器睡觉等天亮。形容时刻准备作战。

出处 / 示例：《晋书・刘琨传》：“吾枕戈待旦，志枭逆虏。”

枕戈寝甲

意思：枕着戈、穿着铠甲睡。形容经常生活在战争之中。

出处 / 示例：《晋书・赫连勃勃载记》：“朕无拨乱之才，不能弘济兆庶，自枕戈寝甲，十有二年，而四海未同。遗寇尚炽。”

止戈为武

意思：“武”字是“止”“戈”两字合成的，所以要能止战，才是真正的武功。后指不用武力而使对方屈服，才是真正的武功。

出处 / 示例：《左传・宣公十二年》：“非尔所知也。夫文，止戈为武。”

斧钺之诛　白旄黄钺

在武侠小说或武侠题材的电视剧中，常常有“十八般武艺样样精通”的说法，那十八般武艺到底是什么呢？其实，十八般武艺最初指古代的十八种兵器。俗话讲“工欲善其事，必先利其器”，可见得心应手的兵器是战争制胜的关键，这一点在冷兵器时代表现得尤为明显。接下来登场的就是这十八种兵器之一的钺。

钺是中国古代的一种兵器，样子像斧，以劈砍为主。《史记》中记载：“汤自把钺以伐昆吾。”而许慎在《说文解字》中的注释为：“钺，斧也。”钺和斧外形相似但大小不同，钺明显比斧大。钺的前身是石钺，商代时才出现了用青铜铸造的钺。商代的青铜

大辛庄遗址出土商代大铜钺
（山东大学博物馆藏）

大辛庄遗址出土商代玉钺
（山东大学博物馆藏）

钺仍保留了石钺的特点：刃部圆弧曲宽阔，两角略微上翘。钺作为兵器在商周时期十分盛行。到唐宋时期，钺的形制虽经过不断的改进，但它仍然是一种主要的步兵武器，并有一个中兴的过程。当时的人们对钺的形制有所改进，强调其功能作用，使其刃部加宽、持柄加长，便于操持，更加有利于砍杀。之所以出现这种改变，主要是因为唐宋期间的战争对象是来自北方游牧民族的彪悍骑兵。对付骑兵，长柄斧钺有其意想不到的优势，上砍骑兵，下砍马蹄，以步战取胜。宋代以后，钺逐渐脱离了实战，仅作为一种象征意义，常出现在祭祀等特定的场合，或者作为一种刑具被少量使用。

大辛庄遗址出土商代铜钺

钺在古代不仅是一种兵器，也是一种礼器，尤其是玉钺。在西方，权力的象征物是权杖；在中国则是钺。钺作为礼器，出现于早商，是许多商代贵族成年男子的陪葬品。而钺为何会成为一种礼器呢？主要是由于钺形体笨重，杀伤力远不如戈、刀、矛，所以渐渐脱离战场。除此之外，钺还有一个实用功能，那就是专杀君主高官。《史记·周本纪》也明确记载了“武王自射之，三发而后下车，以轻剑击之，以黄钺斩纣头”。有段时间，将领接受钺就等于被授予军权帅印，这在历史上被称作“假黄钺”或“假节钺”，钺便相当于影视剧中提到的“尚方宝剑”。而玉钺是铜钺的礼器化，“以玉为兵”也是军事指挥权的象征。经过长期演变，玉钺与玉琮、玉璧等一起成为最重要的玉礼器。

古代战争中的金戈铁马或许已经离我们远去，消失在历史的长河中，但作为一种兵器和礼器的钺，在文化的长河中保留了下来，出现在我们常用的成语中。例如“斧钺之诛”是指用斧、钺杀人的刑法，泛指死刑。这一成语出自《庄子·至乐》：“庄子

大辛庄遗址出土商代铜钺（山东大学博物馆藏）

之楚，见空髑髅，髐然有形；撽以马捶，因而问之，曰：‘夫子贪生失理而为此乎？将子有亡国之事，斧钺之诛，而为此乎？’”而“不避斧钺”则指不躲避斧钺之类的兵器，形容将士英勇无畏或烈士忠义不屈。这一成语出自《汉书·赵充国传》：“愚臣伏计孰甚，不敢避斧钺之诛，昧死陈愚，唯陛下省察。”成语“白旄黄钺”比喻有关征战的事，出自《尚书·牧誓》：“王左仗黄钺，右秉白旄以麾。”公元前 1046 年，周武王伐纣关键性一役牧野大战一触即发，为鼓舞士气，确保万无一失，黎明时分，周武王率领大军来到商朝都城郊外的牧野，举行战前的誓师动员大会。武王身披战袍，威风凛凛，左执铜钺，右举白色令旗，登上高台，激励将士们为国家、为未来、为子孙后代而战。

济南大辛庄商代遗址出土多件铜钺、玉钺，证明大辛庄曾是商王朝经略东方的一个重要的政治、军事中心。特别是 2010 年发掘的 M139 中出土有一件大型铜钺，通体素面，高 29.5 厘米，肩宽 24.1 厘米，刃宽 30.6 厘米，圆形穿孔的孔径 9.9 厘米，保存十分完整，反映出墓主人是一位集军事、政治权威于一身的高级贵族。

成语释义

刀锯斧钺

意思：古代四种刑具。泛指酷刑。

出处 / 示例：《汉书·刑法志》：“大刑用甲兵，其次用斧钺；中刑用刀锯，其次用钻凿。”

杖钺一方

意思：在一方手持黄色大斧。比喻掌握兵权或镇守一方。

出处/示例：《尚书·牧誓》："王左仗黄钺，右秉白旄以麾。"《魏书·慕容白曜传》："遂推毂委诚，授以专征之任，握兵十万，杖钺一方。"

杖节把钺

意思：指皇帝授予权力。杖节：古代臣子出使或大将出师，皇帝授予的符节。

出处/示例：《汉书·王莽传》："以太保甄邯为大将军，受钺高庙，领天下兵，左杖节，右把钺，屯城外。"

斧钺之人

意思：指因犯罪而应受到刑罚的人。

出处/示例：《管子·小匡》："桓公大说，于是斋戒五日，将相管仲。管仲曰：'斧钺之人也，幸以获生……若知国政，非臣之任也。'"

秉旄仗钺

意思：比喻掌握军事大权。秉：执持。旄：古代军旗。

出处/示例：《尚书·牧誓》："王左仗黄钺，右秉白旄以麾。"

宝刀不老 快刀斩乱麻

上文讲到钺是古代十八种兵器之一，这里我们继续介绍兵器中的另一名成员——刀。刀是我国最早出现的兵器之一，也是使用最普遍的兵器之一。

刀的历史较为久远。早在原始社会，我们的祖先就开始使用石头、兽骨等材料打制成各种形状的刀。最初，刀是作为食器使用的，和匕（如今羹勺的原型）合称为膳食器。后来，刀的使用范围不断扩大，不仅作为劳动工具使用，还被随身携带用来防身自卫，并逐渐演化为兵器。

标准的刀由刀身和刀柄两部分组成。刀身比较长，刀背厚，刀刃薄，适用于劈砍等动作。商代青铜刀种类较多，根据其形制大致分为短柄刀、卷首刀、平刃刀、曲刃刀等。商代作战时，主流武器是长矛和戈，刀还未正式用于战争。商代青铜刀一般伴随战车和武器出土，因此学者认为这些刀应该是武器或者修理武器的工具。短小的青铜刀只能作为工具刀使用；部分刀刃较长的青铜短柄刀或者卷首刀可用于战斗。商代晚期的青铜刀大多出土于该时期的高级贵族墓葬，部分刀表面刻有精美的花纹和绿松石等镶嵌物，这是礼器的特征。到春秋战国时期，刀的形状发生巨大

刘家庄遗址出土商代铜刀

刘家庄遗址出土商代铜卷首刀

大辛庄遗址出土商代玉鱼形刻刀

大辛庄遗址出土商代铜刀

变化。两汉时，刀逐渐发展为步兵的主战兵器之一，并且出现许多不同形式的长柄刀。时至今日，刀依然在社会各领域中发挥着作用。

刀作为人类最古老的工具或者兵器之一，对后世影响深远。所有与刀相关的字，都采用“刀”作偏旁，比如切、刃、割、劈、分等。关于刀的成语也非常多。罗贯中《三国演义》第七十回讲述魏将张郃攻打蜀国的汉中地区，守将告急；老将黄忠请缨出战，并让同是老将的严颜当副将；到了关上，两军对峙，张郃便嘲笑黄忠如此年迈还领军出战，黄忠怒道：“竖子欺吾年老，吾手中宝刀却不老。”从此之后，“宝刀未老”就用来比喻某人虽然年龄已大或脱离本行已久，但功夫技术并没减退。

除了宝刀未老，还有大刀阔斧、一刀两断、小试牛刀、单刀直入等大家所熟知的成语，快刀斩乱麻则用以比喻办事果断、抓住关键、迅速地解决复杂的问题等。

济南考古馆中展示的青铜刀出土自大辛庄遗址和刘家庄遗址商代墓，出土的青铜刀有短柄刀和卷首刀两种。短柄刀由刀身和刀柄两部分构成，刀身厚脊薄刃，和刀柄一体铸成。出土的卷首刀样式很特殊，刀头上卷，呈钩状；刀背下有三孔，可固定长柄。此外，大辛庄遗址还出土了一柄珍贵的商代鱼形玉刻刀，形制精巧，集实用性和装饰性于一体，设计感十足。此外，唐冶遗址还出土了西周骨刀。此刀虽为兽骨制成，但有锋利的刃，可作为切割、铲削的生产工具使用。在商周时期，青铜工业主要是被王室和奴隶主贵族控制，因而石骨器在商周时期仍然是社会底层的主流生产材料。

成语释义

路见不平，拔刀相助

意思：在路上遇见欺负人的事情，就挺身而出帮助受害的一方。旧时为人们所称道的一种侠义行为。多指打抱不平。

出处/示例：宋·道原《景德传灯录》卷二十二：“师曰：‘路见不平，所以按剑。’”

操刀伤锦

意思：操刀和割锦本不是一回事，后人合二为一，比喻才能太低，不能胜任责任重大的事情。

出处/示例：《左传·襄公三十一年》：“今吾子爱人则以政，犹未能操刀，而使割也，其伤实多。子之爱人，伤之而已，其谁敢求爱于子？……子有美锦，不使人学制焉。”

抽刀断水

意思：抽出刀来要斩断流水。比喻无济于事，反会加速事态的发展。

出处/示例：唐·李白《宣州谢朓楼饯别校书叔云》：“抽刀断水水更流，举杯消愁愁更愁。”

大刀阔斧

意思：原指使用阔大的刀斧砍杀敌人。后形容威猛的气势，或比喻办事果断而有魄力。

出处/示例：明·施耐庵、罗贯中《水浒传》第一百十八回：“当下催军劫寨，大刀阔斧，杀将进去。”

代人捉刀

意思：指代别人做事，多指写文章。

出处/示例：南朝宋·刘义庆《世说新语·容止》：“既毕，令间谍问曰：‘魏王何如？’匈奴使答曰：‘魏王雅望非常；然床头捉刀人，此乃英雄也。’魏王闻之，追杀此使。”

单刀赴会

意思：原指蜀将关羽只带一柄刀和少数随从赴东吴宴会。后泛指一个人冒险赴约，有赞扬赴会者的智略和胆识之意。

出处/示例：《三国志·吴书·鲁肃传》：“肃邀羽相见，各驻兵马百步上，但请将军单刀俱会。”

单刀直入

意思：用短柄刀直接刺入。原比喻认定目标，勇猛精进。后比喻说话直截了当，不绕弯子。

出处/示例：宋·道原《景德传灯录》卷十二：“若是作家战将，便请单刀直入，更莫如何若何。”

刀耕火耨（nòu）

意思：把地上的草烧成灰做肥料，就地挖坑下种。

出处/示例：《旧唐书·严震传》：“梁汉之间，刀耕火耨。”

刀光剑影

意思：隐约显现出刀剑的闪光和影子。形容环境充满了凶险的气氛。

出处/示例：南朝梁·吴均《战城南四首》之一：“剑光夜挥电，马汗昼成泥。”

风刀霜剑

意思：寒风如刀，严霜如剑。形容气候寒冷，刺人肌肤。也比喻恶劣的环境。

出处/示例：清·曹雪芹《红楼梦》第二十七回："一年三百六十日，风刀霜剑严相逼。"

借刀杀人

意思：比喻自己不出面，借别人的手去害人。

出处/示例：明·汪廷讷《三祝记·造陷》："恩相明日奏仲淹为环庆路经略招讨使，以平元昊，这所谓借刀杀人。"

两面三刀

意思：比喻要两面派手法，当面一套，背后一套。

出处/示例：元·李行道《包待制智勘灰阑记》第二折："岂知他有两面三刀，向夫主厮搬调。"

牛刀小试

意思：比喻有大本领的人先在小事情上略展才能。也比喻有能力的人刚开始工作就表现出才能。

出处/示例：宋·苏轼《送欧阳主簿赴官韦城》诗："读遍牙签三万轴，却来小邑试牛刀。"

人为刀俎，我为鱼肉

意思：比喻生杀的权力掌握在别人手里，自己处在被宰割的地位。刀俎：刀和砧板，宰割的工具。

出处/示例：《史记·项羽本纪》："如今人方为刀俎，我为鱼肉。"

善刀而藏

意思：将刀擦干净，收藏起来。比喻适可而止，自敛其才。

出处/示例：《庄子·养生主》："提刀而立，为之四顾，为之踌躇满志，善刀而藏之。"

未卜先知　卜昼卜夜

商朝占卜之风盛行，王室贵族热衷于占卜，遇事必卜，不论战争的输赢、农作物的收成还是疾病大小等，都要通过占卜以问吉凶。占卜结束后，将占卜的结果用文字刻在龟甲或兽骨上，成为一篇或长或短的记事文，称为卜辞，这种刻在龟甲或兽骨上的文字就是我们熟知的“甲骨文”。虽然我们现在仍然无法全部准确释读刻在甲骨兽骨上的文字，但这些珍贵的信息无疑给后人留下了解商朝最原始、最真实的第一手资料。

商朝的统治者崇拜鬼神，不仅把神看成是一种超越自然的神秘力量，而且利用人们这种敬畏神灵的思想，将统治者的君权神化，使人们将商王当作人间有形的神灵来敬畏，以此来奴役百姓，实现商王对百姓的绝对控制。在决定大事之前，商王、贵族以及平民等不同阶级

刘家庄遗址出土商代卜骨

唐冶遗址出土西周卜骨残件

的人们需要在思想上达到统一。商人只有通过某种方式得到超自然力的支持才能得到大家的认同，而占卜就是协同各方达成共识的最佳手段，所以商人非常重视占卜。占卜所用的材料通常是龟甲和兽骨。龟甲就是乌龟的背甲及腹甲，兽骨多为牛、羊、猪的肩胛骨。商人是如何进行占卜的呢？他们首先将处理过的龟甲或兽骨反面整齐地钻成圆形穴或凿成梭形穴，放到火上烤灼，然后根据另一面出现的裂纹占卜吉凶。古人认为不同形状的裂纹代表的含义不同，这些具体的、不同类型、不同形状的裂纹称作“兆”。一块卜骨一般有四方面的内容：叙词，包括问卜的人及问卜时间；命辞，记录命卜之辞；占辞，依据卜兆判断吉凶；验辞，记录占卜后的应验结果。商代占卜内容非常广泛，涉及社会生活各个方面。

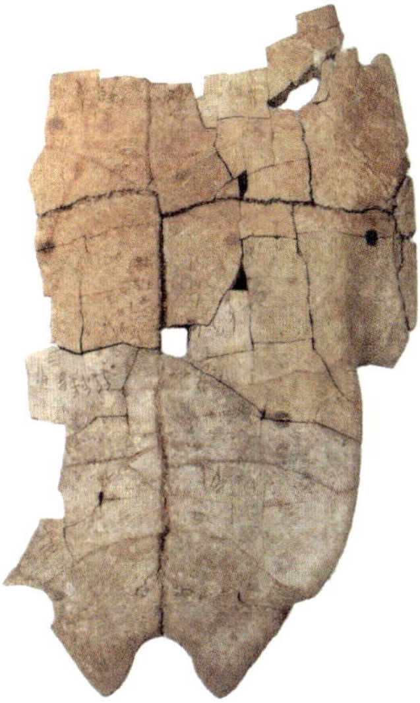

大辛庄遗址出土商代带卜辞甲骨
（山东大学博物馆藏）

占卜活动对中国几千年的历史发展产生了深远影响，也产生了一系列与占卜有关的词语。元代戏曲《桃花女》讲述的是桃花女两度破了周公的占卜，周公因而心生妒意，假意聘娶桃花女做儿媳，选在凶日迎娶，想要借机害死桃花女，但是被桃花女一一破解，最后周公甘拜下风，尽弃前嫌，与桃花女一家和乐。其中一段叙述桃花女为躲避白虎凶神，需要一个小孩作陪，彭大公帮她找了周公的女儿腊梅，没想到腊梅被白虎凶神咬死，周公得知后悲痛万分。彭大公说这是周公的诡计应验在腊梅身上。桃花女就唱道：“卖弄杀《周易》阴阳谁似你，还有个未卜先知意。”借此指责周公卖弄“未卜先知”的本领，最终却害了自己的女儿。后来，“未卜先知”就用来形容有预知未来的能力。

清代钱彩《说岳全传》第五十九回：“圣上命我进京，怎敢抗旨？但奸臣在朝，此去吉凶未卜。”此后，“吉凶未卜”便用来比喻无法预测是福是祸、是成是败。《左传·庄公二十二年》："臣卜其昼，未卜其夜，不敢。"春秋时，齐侯任命敬仲（陈公子完）为工正。敬仲请齐桓公饮酒，齐桓公想晚上接着喝，敬仲以"臣卜其昼，未卜其夜"为词婉言拒绝。后来"卜昼卜夜"形容夜以继日地宴乐无度。

济南大辛庄遗址自1935年至今已多次发现卜骨和卜甲，仅1984年发掘时就发现391片。2003年，济南市考古研究所与山东大学东方考古研究中心、山东省文物考古研究所联合对大辛庄遗址进行发掘时，发现刻有卜辞的甲骨，这是继20世纪50年代郑州二里冈发现商卜辞以来，首次在殷墟以外出土甲骨文，对大辛庄商代遗址性质的确定和全面深入研究具有重要价值。

济南考古馆中展示的商代卜骨出自刘家庄遗址，是一块牛的肩胛骨，长约30厘米，宽约15厘米，是济南地区出土的同时期卜骨中最大的。该卜骨上面有许多用火烙上的焦煳状印记，没有文字，除边缘部分有破损外，整体基本完好。唐冶遗址中还出土了几件西周卜骨残件，系采用动物甲骨、肢骨灼烧而成。这些卜骨上面虽没有文字，但同样给我们提供了有关商朝和西周生活的重要研究资料。

成语释义

卜夜卜昼

意思：形容夜以继日地宴乐无度。

出处/示例：《左传·庄公二十二年》："臣卜其昼，未卜其夜，不敢。”

未卜先知

意思：没有占卜便能事先知道未来的吉凶祸福。形容有预见。

出处/示例：元·无名氏《桃花女》第三折：“卖弄杀《周易》，阴阳谁似你，还有个未卜先知意。”

存亡未卜

意思：或是活着，或是死了，不能预测。

出处/示例：明·冯梦龙《喻世明言》卷十七：“况宗族远离，夫家存亡未卜，随缘快活，亦足了一生矣。”

吉凶未卜

意思：无法预测是福是祸、是成是败。

出处/示例：清·钱彩《说岳全传》第五十九回：“圣上命我进京，怎敢抗旨？但奸臣在朝，此去吉凶未卜。”

求神问卜

意思：迷信的人遇有疑难，求神鬼帮助，或靠卜卦解决。

出处/示例：明·胡文焕《群音类选》：“我与你求神问卜，且自宽心，将息守己。”

唯邻是卜

意思：指找住房时应该选择好邻居。

出处/示例：《左传·昭公三年》：“非宅是卜，唯邻是卜。”

自相矛盾　操矛入室

矛在冷兵器时代被列为“五兵”之一，与戈同为战争中的重要武器。《诗经》中有关于矛的吟诵：“王于兴师，修我戈矛。”《尚书》中也有关于矛的记载，如“称尔戈，比尔干，立尔矛”，描述的是周武王在牧野誓师大会中让将士举起铜戈，持正盾牌，立直长矛的场景。由此可见商周时期，矛已作为军队的正规装备而被大量使用了。

大辛庄遗址出土商代铜矛

矛起源于原始社会。当时，为了顺利从河流中捕获鱼类和攻击野兽，智慧的先民们设计出尖端被削磨成尖锐的“锋”状的长木棒。这种长木棒是一种实用的狩猎工具，也是青铜矛的前身。矛是古代用来刺杀敌人的进攻性武器，由矛头和矛柄组成。矛头又分为矛身和骹（qiāo）两部分。矛身中部为“脊”，脊左右两边展开成带刃的矛叶，并向前聚集成锐利的尖锋。有的脊两侧带凹槽，称“饮血”，为了方便矛头刺入人体时出血进气，以减少阻力。用来连接脊的直筒叫“骹”，骹下端的孔叫“銎”，用来插柄。最常见的矛柄有木柄和积竹柄两种。

刘家庄遗址出土商代铜矛

大辛庄遗址出土商代铜矛

说起三国时期著名的将领张飞，大家应该是非常熟悉了，他的军事能力超强。这么厉害的将领，他作战时用的是什么武器呢？答案是丈八蛇矛。东汉刘熙《释名·释兵》说：“矛长丈八尺曰槊，马上所持。”张飞所用的是一种骑兵专用、长一丈八尺的长矛。按照汉代一尺约 23 厘米计算，他的矛总长 4 米多一点。影视剧中将丈八蛇矛的矛头绘成如蛇扭曲的形状，是受到所谓蛇矛称谓的影响，实际上蛇矛只是一种形象的比喻，表达细长之意，历史上并不存在矛头像蛇一样的武器。丈八蛇矛其实和士兵们使用的长矛并没有多大的区别。矛确实是非常长的，古代的长矛，长度

刘家庄遗址出土商代铜矛

在1.3米到8米不等，军队中的长矛一般是3米至4米长。按照《周礼·考工记》中的记述，步兵用的酋矛长四尺。

矛是用来进攻的利器，盾是用来防御的工具。为了使进攻更有利，人们把矛做得越来越锐利，而为了防护更有效，又把盾设计制作得更坚固牢靠。这就是一对攻防对抗现象，用语言形容就是现实中常说的“矛盾”。《韩非子·难一》中说，楚国有个卖兵器的人，到市场上去卖矛和盾。卖矛的时候说他的矛无比锋利，什么东西都能刺透；卖盾的时候又说他的盾无比坚固，什么东西都穿不透。有人就问他：“如果用你的矛刺你的盾会怎么样呢？”他无言以对。后来就用“自相矛盾”比喻自己说话做事前后互相抵触。同样地，“以子之矛，攻子之盾”比喻拿对方的观点、方法或言论来反驳对方。《后汉书·郑玄传》：“时任城何休好《公羊》学，遂著《公羊墨守》《左氏膏肓》《穀梁废疾》；玄乃发《墨守》，针《膏肓》，起《废疾》。休见而叹曰：‘康成入吾室，操吾矛，以伐我乎！’”东汉时期，郑玄师从孔融，深受孔融的喜爱，孔融夸他能真正领会自己的学问。郑玄针对学者何休的《公羊墨守》《左氏膏肓》等文章来发表自己的意见，击中要害。何休看后感叹地说：“郑玄进了我的屋子，操起我的矛来讨伐我！”因此，“操矛入室”比喻深入了解对方，找出其纰漏，又以对方的论点来批驳对方。

济南考古馆中陈列的青铜矛主要出土于济南大辛庄遗址、刘家庄遗址商代墓中，样式上分为骹上带耳和骹上不带耳两种。矛作为青铜时代的重要兵器之一，是研究中国古代战争及作战方式的重要实物，济南考古馆中的青铜矛既是商朝频繁征战的见证，也是后人研究探讨济南地区历史的重要实物资料。

成语释义

自相矛盾

意思：自己的言行前后互相抵触。

出处/示例：《韩非子·难一》：“楚人有鬻楯与矛者，誉之曰：‘吾楯之坚，物莫能陷也。’又誉其矛曰：‘吾矛之利，于物无不陷也。’或曰：‘以子之矛陷子之楯，何如？’其人弗能应也。”

操矛入室

意思：比喻深入了解对方，找出其纰漏，又以对方的论点来批驳对方。

出处/示例：《后汉书·郑玄传》：“时任城何休好《公羊》学，

遂著《公羊墨守》《左氏膏肓》《穀梁废疾》；玄乃发《墨守》，针《膏肓》，起《废疾》。休见而叹曰：‘康成入吾室，操吾矛，以伐我乎！’”

矛盾相向

意思：形容针锋相对。

出处／示例：宋·钱易《南部新书》：“初若矛楯相向，后类江海同归。”

亡戟得矛

意思：比喻得到的和失去的相当，或有失有得。

出处／示例：《吕氏春秋·离俗》：“亡戟得矛，可以归乎？”

凿壁借光　丁公凿井

大辛庄遗址出土
商代铜凿

青铜器是中国古代文化的瑰宝，在商周时期品种之多、类型之丰富空前绝后。此前，我们已经介绍了常见的尊、鼎、爵、钺、矛、戈、刀等，下面要介绍的这类青铜器是很容易被人们忽略，在当时却非常重要的实用工具——青铜凿。

凿是古人在木头上挖槽、凿孔时用的工具。凿的形状细长，下端有刃，上端略宽，有銎（qióng），可以安装木柄。凿以方形、长方形、梯形銎口、单面刃为常见形制。也有柄与身一次铸成的，始见于商代。战国以后，铁凿开始出现。时至今日，凿依然是人们生产生活中不可或缺的工具。

商周时期，生产力水平十分低下，凿的发明不仅为先民们的日常生活带来了极大的方便，也为后人的生活带来深刻影响。凿也逐渐由挖槽、穿孔的工具引申出打孔、挖掘、开通等含义，我们生活中的很多成语就与凿息息相关。东晋时期的方士王嘉撰写了一部《拾遗记》，其中便记载了禹凿龙门的神话故事。传说中那个洪水泛滥的时期，洛水和伊水都因受阻而形成一片大的汪洋，类似于堰塞湖，当然规模比堰塞湖大得多。大禹首先疏通了洛水，使之注入黄河，而伊水受阻于龙门山，因此必须凿开龙门山使伊水和洛水汇合后一起注入黄河，从而解决了这两片区域的水患。大禹开凿的龙门山距洛阳城约 12 公里，就是现在著名的龙门石窟所在。龙门山被伊水分为东山和西山，河水从二者之间穿过。东、西二山活像大门的两边，因此这里被称为伊阙。值得一提的是，《拾遗记》本身也备受非议，该书因其“掇辞摛藻，故弄玄虚，浮艳虚夸”的文风而获得了“凿空著书”之名。

大辛庄遗址出土
商代铜凿

说到凿，还有一个妇孺皆知的成语——凿壁借光，讲的是一个非常励志的故事。汉代的匡衡

刘家庄遗址出土商代铜凿

大辛庄遗址出土商代铜凿

勤奋好学，但家中贫困，连日常照明的灯烛都买不起。邻居家虽有灯烛，但烛光透不过来，聪明好学的匡衡就在墙壁上凿了一个洞，让光亮透过墙壁照在书上来学习。同乡有个大户人家，家中有很多藏书。匡衡就到他家去做雇工，却不要报酬。主人感到很奇怪，就问他原因，他说："我希望能将你家的藏书通读一遍。"主人听后深受感动，便将书借给他读。最终匡衡成为学富五车的经学家，并官至丞相。

除此之外，我们常说的方枘圆凿、言之凿凿、穿凿附会等成语也与凿有关。枘指榫头，凿指榫眼，方枘装不进圆凿，所以"方枘圆凿"这个成语比喻格格不入、不能相合。而"言之凿凿"则表示话说得十分切实可信。"穿凿附会"指把讲不通的或者毫不相干的道理、事情硬扯在一起进行解释。春秋时宋国丁公在自家院内开凿一井，如此不用再挑水，可以节省一个人力，就说"吾穿井得一人"；结果别人误解为他从井中挖得一人，便向国君禀报，国君派人前来查问才得知是误传。后来，"丁公凿井"这一典故便用来比喻话语辗转相传而与事实相去甚远。

济南市考古研究院收藏的9件青铜凿，均出自大辛庄遗址和刘家庄遗址商代墓中，且保存十分完整。部分青铜凿现陈列在济南考古馆中。透过这些文物，我们也得以从一个侧面一窥商代人们的生产生活状况。

成语释义

穿凿附会

意思：指勉强生硬解释，把没有意义硬是说成有某种意义。穿凿：硬要把讲不通的道理讲通。附会：把毫无关系的事硬拉在一起。

出处/示例：宋·洪迈《容斋续笔》卷二："用是好知奇者欲穿凿附会，固各有说云。"

言之凿凿

意思：话说得非常确实。凿凿：确实。

出处/示例：清·纪昀《阅微草堂笔记》："宋儒据理谈天，自谓穷造化阴阳之本；于日月五星，言之凿凿，如指诸掌。"清·蒲松龄《聊斋志异》卷十一："言之凿凿，确可信据。"

凿壁偷光

意思：在墙上凿开一个小孔，偷借邻家的灯光读书。形容在艰苦的条件下仍坚持刻苦学习。

出处/示例：晋·葛洪《西京杂记》卷二："匡衡字稚圭，勤学而无烛，邻舍有烛而不逮，衡乃穿壁引其光，以书映光而读之。"

证据确凿

意思：证据确实可靠，无法否认。

出处/示例：清·曹雪芹《红楼梦》第八十六回："尸场检验，证据确凿。且并未用刑，尔兄自认斗杀，招供在案。"

凿空立论、凿空之论

意思：指空泛而没有根据的言论。凿空：缺乏根据，牵强附会。

出处/示例：宋·朱熹《朱子语类·学五》："固不可凿空立论，然读书有疑，有所见，自不容不立论。"

丁公凿井

意思：比喻传来传去而失真。

出处/示例：汉·王充《论衡·书虚》："俗传言曰：'丁公凿井，得一人于井中。'夫人生于人，非生于土也。"

凿空指鹿

意思：指凭空有意颠倒黑白，混淆是非。

出处/示例：《史记·秦始皇本纪》："赵高欲为乱，恐群臣不听，乃先设验，持鹿献于二世，曰：'马也。'二世笑曰：'丞相误邪？谓鹿为马。'"

金口玉言　玉不琢不成器

刘家庄遗址出土
商代兽面纹绿松石饰件

中国是爱玉之国、崇玉之邦，素有“玉石之国”的美誉。“玉”字最早见于甲骨文和钟鼎文中。汉代许慎在《说文解字》中释“玉”为：“玉，石之美。”这一注解从物质（石）和艺术（美）两个方面科学地阐述了“玉”字的概念。尽管时代变迁，中国人对玉的喜爱始终如一，甚至达到一种痴迷的程度，因此形成了中国人传统的用玉观念——尊玉、爱玉、佩玉、赏玉、玩玉。

现有考古资料证明，新石器时代早期已有玉器。

刘家庄遗址出土
商代孔雀石鸟

早在遥远的大汶口、龙山文化时期，玉石的开采、加工技术已经相当成熟。到了商代，随着农业的发展，手工业内部有了较细的分工，玉器制作已从石器制作中分离出来，成为独立的手工业部门。商代玉器以片雕为主，多呈现出剪纸般的艺术效果，重点突出动物的一部分特征。周代重玉之风极盛，祭祀时兼用玉器，宴享只用铜器。由于周朝重要法规《周礼》中赋予玉以德的内涵，玉器逐渐向礼仪性方向发展，并开辟了玉器的“道德化”“宗教化”“政治化”的新时代。到春秋战国时期，“君子比德于玉”“君子无故，玉不去身”等说教盛行，故当时的佩玉种类繁多，佩戴制度也十分严格。宋代以来，实用玉器和装饰玉器占据重要地位，并在社会上广为流行。明清两代统治者为巩固其封建统治，在冠服制度上沿袭旧制，用玉来标志贵贱等级。时至今日，由于玉器的世俗化、道德化，爱玉、佩玉之人依旧众多。

刘家庄遗址出土商代玉戚

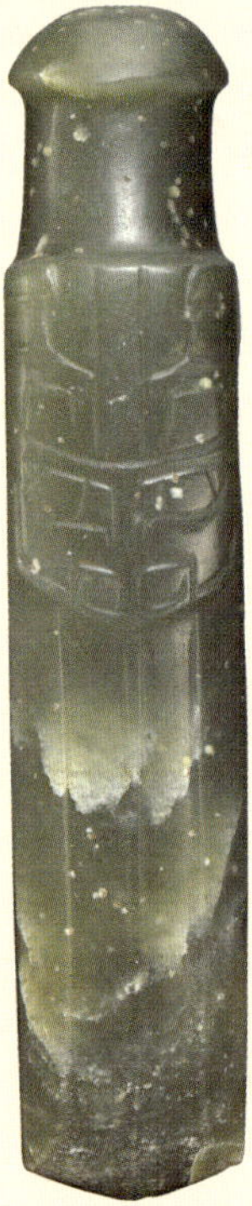

刘家庄遗址出土
商代玉柄形器

古人认为，玉石集聚天地之精华，是人、神之间沟通的媒介，可以辟邪除祟；玉能代表天地四方神明以及人间帝王，同时可以延年益寿，因此对玉十分崇拜。相应地，就出现许多与玉相关的成语和俗语。“金口玉言”表示极难得的可贵的话，封建社会多称皇帝讲的话，后来也泛指不能改变的话。“金枝玉叶”原形容花木枝叶美好，后多指皇族子孙，现也比喻出身高贵或娇嫩柔弱的人。而“雕栏玉砌”则形容富丽堂皇的建筑物。“金玉其外，败絮其中”形容某些华而不实、外表光鲜美丽而无修养内涵的人。“玉不琢，不成器”的意思是如果玉石不进行精心雕琢，就不能成为有用的器物。

华信路清代墓葬出土玉佩饰

大辛庄遗址出土
商代动物形玉饰

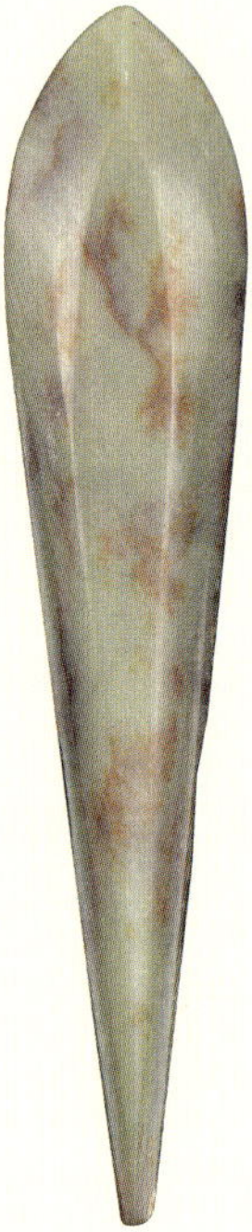

大辛庄遗址出土商代玉镞

大辛庄遗址出土商代鱼形玉刻刀

大辛庄遗址出土商代龙形玉璜

梁二村战国墓
出土玉管

梁二村战国墓出土玉瑗

济南考古馆中展出的众多玉器，不仅时间跨度大，而且种类十分丰富：从商代的玉戈、玉镞、玉戚、玉圭、玉簪，战国的玉管、玉瑗，汉代的玉剑首、玉剑璏，到金代、清代的玉佩饰等，应有尽有。这些玉器造型别致，工艺精巧，着实亮眼。爱好古玉的你，一定不要错过大饱眼福的机会呀！

成语释义

八珍玉食

意思：泛指精美的肴馔。

出处/示例：金·董解元《西厢记诸宫调》卷三："阿母深居鸡犬安，八珍玉食邀郎餐。"

冰肌玉骨

意思：肌骨如同冰玉一般。形容女子肌肤莹洁光滑。

出处/示例：宋·苏轼《洞仙歌》词："冰肌玉骨，自清凉无汗。"

冰清玉洁

意思：像冰那样清澈透明，像玉那样洁白无瑕。比喻人的操行清白（多用于女子）。

出处/示例：汉·司马迁《与挚伯陵书》："伏惟伯陵材能绝人，高尚其志，以善厥身，冰清玉洁，不以细行。"

伯玉知非

意思：比喻知道以前不对。伯玉：蘧瑗，字伯玉，春秋时卫国人。非：不对。

出处/示例：汉·刘安《淮南子·原道训》："故蘧伯玉年

五十而有四十九年非。”

不吝珠玉

意思：不要舍不得好的东西。恳切希望别人给予指教的谦词。

出处／示例：明·凌濛初《初刻拍案惊奇》卷九：“恰好听得树上黄莺巧啭，就对拜住道：‘老夫再欲求教，将《满江红》调赋《莺》一首，望不吝珠玉，意下如何？’”

堆金积玉

意思：金玉多得可以堆积起来。形容占有的财富极多。

出处／示例：唐·李贺《昌谷集·嘲少年》诗：“长金积玉夸豪毅。”

粉妆玉琢

意思：白粉装饰的，白玉雕成的。形容女子妆饰的漂亮或小孩长得白净。也用来形容雪景。

出处／示例：清·曹雪芹《红楼梦》第一回：“士隐见女儿越发生得粉妆玉琢，乖觉可喜，便伸手接来，抱在怀中，斗他玩耍一回。”

龟玉毁椟

意思：龟甲和宝玉在匣中被毁坏。比喻辅佐之臣失职而使国运毁败。

出处／示例：《论语·季氏》：“虎兕出于柙，龟玉毁于椟中，是谁之过与？”

侯服玉食

意思：穿王侯的衣服，吃珍贵的食物。形容豪华奢侈的生活。

出处／示例：《汉书·叙传下》：“侯服王食，败俗伤化。”

浑金璞玉

意思：比喻天然美质，未加修饰。多用来形容人的品质淳朴善良。

出处/示例：南朝宋·刘义庆《世说新语·赏誉》："王戎目山巨源：'如璞玉浑金，人皆钦其宝，莫知名其器。'"

戛玉敲金

意思：形容声调有节奏而响亮好听。也形容人气节凛然。

出处/示例：唐·白居易《听田顺儿歌》："戛玉敲冰声未停，嫌云不遏入青冥。"

蒹葭倚玉树

意思：比喻一丑一美不能相比。也用作借别人的光的客套话。

出处/示例：南朝宋·刘义庆《世说新语·容止》："魏明帝使后弟毛曾与夏侯玄共坐，时人谓蒹葭倚玉树。"

金风玉露

意思：泛指秋天的景物。

出处/示例：唐·李商隐《辛未七夕》诗："由来碧浪银河畔，可要金风玉露时。"

金精玉液

意思：旧指一种仙药。也指珍贵的饮料。

出处/示例：唐·欧阳询《艺文类聚》卷八十一旧题《汉武内传》："太上之药，有风实云子，玉津金浆。"

金科玉律

意思：原形容法令条文的尽善尽美。现比喻必须遵守、不能变更的信条。

出处/示例：汉·扬雄《剧秦美新》："懿律嘉量，金科玉条。"

金马玉堂

意思：旧指翰林院或翰林学士。金马：汉代的金马门，是学士待诏的地方。玉堂：玉堂殿，供待诏学士议事的地方。

出处/示例：汉·扬雄《解嘲》："今吾子幸得遭明盛之世，处不讳之朝，与群贤同行，历金门上玉堂有日矣，曾不能画一奇，出一策，上说人主，下谈公卿。"

金声玉振

意思：以钟发声，以磬收韵，奏乐从始至终。比喻音韵响亮、和谐。也比喻人的知识渊博，才学精到。

出处/示例：《孟子·万章下》："集大成也者，金声而玉振之也。金声也者，始条理也；玉振之也者，终条理也。始条理者，智之事也；终条理者，圣之事也。"

金题玉躞（xiè）

意思：指极精美的书画或书籍的装璜。金题：用泥金书写的题签。玉躞：系缚书卷的玉别子（又称"插签"）。

出处/示例：唐·张彦远《法书要录》："又纸书玳瑁轴五帙五十卷，皆互帙金题玉躞织成带。"

金相玉质

意思：比喻文章的形式和内容都完美。也形容人相貌端美。

出处/示例：汉·王逸《楚辞章句》"叙"："所谓金相玉质，百世无匹，名垂罔极，永不刊灭者矣。"

金玉良言

意思：比喻可贵而有价值的劝告。

出处/示例：元·王实甫《西厢记》第四本第三折："小姐金玉之言，小生一一铭之肺腑。"

锦衣玉食

意思：精美的衣食。形容豪华奢侈的生活。

出处/示例：《魏书·常景传》："锦衣玉食，可颐其形。"

荆山之玉

意思：比喻极珍贵的东西。荆山：山名，此山产宝玉，据传和氏璧就出自此山。

出处/示例：三国魏·曹植《与杨德祖书》："人人自谓握灵蛇之珠，家家自谓抱荆山之玉。"

兰摧玉折

意思：旧时多用于哀悼人不幸早死。

出处/示例：南朝宋·刘义庆《世说新语·言语》："毛伯成既负其才气，尝称：'宁为兰摧玉折，不作萧敷艾荣。'"

蓝田生玉

意思：比喻名门出贤弟子。

出处/示例：《三国志·吴书·诸葛恪传》注引《江表传》："蓝田生玉，真不虚也。"

抛砖引玉

意思：抛出砖去，引回玉来。比喻用自己不成熟的意见或作品引出别人的高见或佳作。

出处/示例：宋·道原《景德传灯录》卷十："比来抛砖引玉，却引得个坠子。"

琼楼玉宇

意思：指月中宫殿，仙界楼台。也形容富丽堂皇的建筑物。

出处/示例：晋·王嘉《拾遗记》："翟乾祐于江岸玩月，或问：'此中何有？'翟笑曰：'可随我观之。'俄见琼楼玉宇烂然。"

亭亭玉立

意思：形容女子身材细长。也形容花木等形体挺拔。亭亭：高耸直立的样子。

出处/示例：明·张岱《公祭祁夫人文》：“一女英迈出群，亭亭玉立。”

象箸玉杯

意思：用象牙作筷子，用犀玉作杯子。形容生活奢侈。

出处/示例：《韩非子·喻老》：“象箸玉杯必不羹菽藿，则必旄象豹胎。”

小家碧玉

意思：旧时指小户人家美丽的年轻女子。

出处/示例：《乐府诗集·碧玉歌》：“碧玉小家女，不敢攀贵德。”

谢庭兰玉

意思：比喻能光耀门庭的子侄。

出处/示例：晋·裴启《语林》：“谢太傅问诸子侄曰：‘子弟何预人事，而政欲使其佳？’诸人莫有言者，车骑答曰：‘譬如芝兰玉树，欲使生于阶庭。’”

玉石俱焚

意思：美玉和石头一样烧坏。比喻好坏不分，同归于尽。

出处/示例：《尚书·胤征》：“火炎昆岗，玉石俱焚。”

休戚相关　朱干玉戚

刘家庄遗址出土商代玉戚

俗话说“工欲善其事，必先利其器”，可见兵器在战争中占有重要地位，古往今来皆是如此。下面要讲的这件兵器，对我们现代人来说比较少见，但它已深深扎根于中华文化之中，在日常的语言文字中出现的频率也是相当高的。它就是——戚。

戚出现于商周时期，两汉时期最为常见。“戚”字以“戈”为形旁，“尗”为声旁，表明其最初的武器属性。戚是斧形兵器中最小的，俗称“小斧子”。戚的形状各种各样，有的为

大辛庄遗址出土
商代玉戚

直刃，有的为月刃，有的为圆刃。因为个头较小、柄较短，并不适于作战，多用于执行军法、处死战俘或逃兵。戚常悬于主将战车之上或大帐之中，象征军法，代表死亡，故有“催命鬼”之称。同时，戚还被用作乐舞时的道具，如《礼记·文王世子》中说：“大乐正学舞干戚。”《祭统》中亦有载：“朱干玉戚以舞。”除了青铜戚，也偶见玉戚。玉戚的象征意义明显大于实用意义，主要用于治军，也是仪仗器和祭祀礼器，并且是众多礼器中规格最高的一种。后来随着字义的演变，戚假借指亲近、亲戚。

历史上有许多关于“戚”的典故。春秋时期，晋国的晋悼公周子，又叫姬周，年轻的时候曾因受到族人晋厉公的排挤，不能留在国内，故客居到周地洛阳，在周朝世卿单襄公手下做事。襄公很器重他，把他请到自己家里，就像对待贵宾一样招待他。周子虽然年纪轻轻，却表现得十分老成持重。他站立的时候稳稳当当，毫无轻浮的举动；看书的时候全神贯注，目不斜视；听人讲话的时候恭恭敬敬，很有礼貌；自己说话时总是不忘忠孝仁义；待人接物时十分友善、和睦；他自己虽然身在周地，可是听说自己的祖国晋国有灾难时就忧心忡忡，听到晋国有喜庆的事情时就非常高兴。所有这些表现，单襄公都看在眼里，认为他将来一定大有前途，很有希望回到晋国去做个好国君。因此，单襄公对周子更加关心、爱护。不久，晋国国内果然发生了内乱，一直因害怕失去权力而排挤王室公子的晋厉公被杀死了。于是，晋国大夫就派人到洛阳来，把周子接回去做了晋国的国君。这便是“休戚相关”这个成语的来历。此后，人们用“休戚相关”来形容彼此关系密切、喜忧相关、命运相连。

“朱干玉戚”这个成语出自《礼记·明堂位》：“朱干玉戚，冕而舞《大武》。”原本用来代表古时礼器，干指的是盾，戚指的是斧，意思是朱红的盾牌、玉饰的斧头。后来这个成语也用来表示仪仗。还有“皇亲国戚”，表示极有权势的人。而成语“四姻九戚”用来形容一个人的亲戚非常多。成语“无涯之戚”形容哀伤很多。此外，还有休戚与共、同休共戚、令原之戚、王孙贵戚、同休等戚、鼓盆之戚、王公贵戚、终天之戚、自贻伊戚、自诒伊戚、炊臼之戚、戚戚具尔等与戚相关的成语。

济南考古馆中展示有 2 件商代的玉戚，分别出土自大辛庄遗址和刘家庄遗址。除此之外，大辛庄遗址和刘家庄遗址还出土了许多珍贵的青铜兵器和玉礼器。这不仅可以表明墓主人生前高贵的军事将领身份，更足以证明大辛庄遗址和刘家庄遗址重要的军事地位，是商王朝在东方的一个重要战略据点。

成语释义

戚戚具尔

意思：指兄弟友爱。戚戚：互相亲爱的样子。尔：迩，靠近。

出处/示例：《诗经·大雅·行苇》："戚戚兄弟，莫远具尔。"

休戚相关

意思：忧喜、福祸彼此相关联。形容关系密切，利害相关。

出处/示例：《国语·周语下》："晋国有忧，未尝不戚；有庆，未尝不怡。……为晋休戚，不背本也。"

休戚与共

意思：忧喜、福祸彼此共同承担。形容关系密切，利害相同。

出处/示例：《晋书·王导传》："吾与元规休戚是同，悠悠之谈，宜绝智者之口。"

鼓盆之戚

意思：旧指死了妻子。

出处/示例：《庄子·至乐》："庄子妻死，惠子吊之，庄子则方箕踞鼓盆而歌。"

自诒伊戚

意思：比喻自寻烦恼，自招忧患。诒：通"贻"，遗留。伊：此。

出处/示例：《诗经·小雅·小明》："心之忧矣，自诒伊戚。"

鹬蚌相争，渔翁得利　剖蚌求珠

我国自古以来以农立国，农耕文化历史悠久。《史记·周本纪》中记载，周先祖名弃，擅长农事耕种。帝尧听闻他的才华，便让他担任稷官，管理农事。弃将自己卓越的耕作能力传授给当时的人们，教他们学会了农耕技巧，掌握了农业知识。在弃的管理下，农作物喜获丰收，百姓对他赞不绝口。为奖赏弃的功绩，帝尧把邰国（今陕西武功县）封给他，号后稷，姓姬。弃开创了中华民族灿烂辉煌的农耕文化，被后世奉为农业始祖。此后，周族历代为农官，掌管农业生产。

农业的发展离不开先进、实用的生产工具。根据文献记载，西周时期已有从事农业生产的成套基本用具。在考古发掘中出土的农业用具主要有铲、刀、镰、杵等。西周的主要农具是耒耜，耒和耜是用于掘土的工具，其用途就像今天的铲子。此外，还有骨铲、石刀、蚌镰等。

以蚌壳为材料制作的器物或工具统称蚌器，其制作过程主要包括切割、打磨、锉齿、钻孔等工序，有时甚至只需简单的打磨就可以直接使用。蚌是一种常见的水产品，因为蚌肉可以食用，故蚌壳非常容易获得，并且用蚌壳制作的工具轻便锋利。因此，

历城区唐冶遗址出土西周蚌镰

历城区裴家营西北遗址出土商代蚌镰

自新石器时代至商周时期，蚌器都是常用的工具之一。如蚌镰，即用蚌壳磨制的镰刀，常用于收割庄稼，其历史可以追溯到史前时代。早在远古时期，古人类就已经学会将石头简单打磨成斧头状或刀刃状等不同形状的石器，其中刀刃状的石器就是镰刀的雏形。新石器时期，人们又把锋利的贝壳切割打磨成长刃状，一边绑在木棍上，当时的镰刀与现在的镰刀已大体一样了。西周时期，由于青铜原料珍贵，奴隶主不愿推广更为先进的青铜农具，各地的农业生产工具仍然以石器、木器、骨器和蚌器为主，石镰和蚌镰仍大量使用。蚌器和大部分骨器等工具都属于轻型生产工具，制作简便，实用轻便，自身优势十分明显。正因如此，蚌器流行了相当长的时间，直到铁器时代才最终被取代，退出历史舞台。

蚌为先民们的生产生活带来了很大的影响，在历史长河中留下了浓墨重彩的一笔，也流传下来很多与之相关的典故和成语，最著名的当属“鹬蚌相争，渔翁得利”。故事发生在战国，赵国准备攻打燕国，燕王派苏代去赵国游说赵王放弃出兵的打算。苏代对惠王说：“今天我来路过易水，看见一只河蚌正从水里出来晒太阳，一只鹬飞来啄它的肉，河蚌马上闭拢，夹住了鹬的嘴。鹬说：‘今天不下雨，明天不下雨，就会干死你。’河蚌也对鹬说：‘今天你的嘴出不去，明天你的嘴出不去，就会饿死你。’它们两个都不肯放弃，结果一个渔夫把它们俩一起捉走了。现在赵国准备攻打燕国，燕、赵如果长期相持不下，老百姓就会疲惫不堪，我担心强大的秦国就要成为那不劳而获的渔翁了。所以我希望大王认真考虑出兵之事。”赵惠文王最终接受了苏代的建议，下令停止出兵攻打燕国。这个故事就是我们后来熟知的“鹬蚌相争，渔翁得利”，用来比喻争夺的双方互不相让，结果两败俱伤，让第三者得到了利益。

除了上面的典故，《淮南子·说林训》还讲道：“明月之珠，蚌之病而我之利。”“蚌病成珠”常用来比喻因不得志而写出好文章来。“剖蚌求珠”的字面意思是将蚌壳剖开，以取里面的珍珠，比喻求取贤良的人才。此外，《陈书·高祖纪》中记载：“以俭素自率，常膳不过数品，私飨曲宴，皆瓦器蚌盘，肴核庶羞，裁令充足而已。”“瓦器蚌盘”这个成语的意思是粗陋的食器，形容生活俭朴。

济南考古馆中展示的西周蚌镰出土于历城区唐冶遗址，整器较长且具有一定的弧度，具有明显的打磨痕迹。蚌镰的出土反映了西周时期的济南水域丰富，人们不仅食用蚌肉，还将蚌壳打制成农业生产工具，可从一个侧面反映出当时社会的农业发展水平和人们的食物种类与来源，具有重要的历史价值和文物价值。

| 成语释义 |

老蚌生珠

意思：原比喻年老有贤子，后指老年得子。

出处/示例：《北齐书·陆卬传》："吾以卿老蚌遂出明珠。"

始作俑者

殉葬是古代的一种丧葬制度，又称陪葬，是指以器物、牲畜甚至活人陪同死者一起葬入墓穴，以保证死者亡灵的冥福制度。殉葬出现于原始社会末期。特别是夏商周三代，君王、贵族死后，把生前享用的一切，包括妻妾、臣子、侍者、奴仆等都带入墓中，以供其死后继续享用。殉葬人有活埋的，也有被杀或自杀后陪葬

大辛庄商墓 M216 二层台上的殉人

大辛庄商墓墓壁二层台上的殉狗

的，少的有几个、几十个人，多的可达二三百人。人殉是最惨无人道的丧葬制度，是社会制度野蛮和落后的表现。随着生产力的进步和文明程度的不断提升，殉人制度逐渐改成了殉葬动物。东周时期开始出现俑，俑是殉葬人或动物的代替品。这里我们要介绍的是大家非常熟悉的随葬品——俑。

俑主要是用陶瓷、泥土或木头制成的人或动物的形象，如奴仆、舞乐者、士兵、仪仗队等，在俑的旁边常常附有鞍马、车辆、庖厨用具和家畜等。最著名的俑当属秦始皇陵兵马俑。人俑、动物俑及陶制明器是东汉墓葬中常见的一类随葬品。至唐代，出现了三彩俑。宋代以后纸明器开始流行，陶、木、石制的俑开始逐渐减少。俑大多真实地模拟着当时的各种职业的人物，因而可以考见当时社会习俗和人生百态，也是研究各个时代舆服制度的重要资料。同时，俑也反映了各个时代雕塑艺术的发展水平。

生活中，我们经常说的与俑有关的成语非“始作俑者”莫属了，还有一个跟它相关的典故呢。这个成语出自《孟子·梁惠王上》，意思是恶劣风气的创始者。战国时，有一次孟子和梁惠王

平阴西山墓地出土汉代彩绘陶人俑

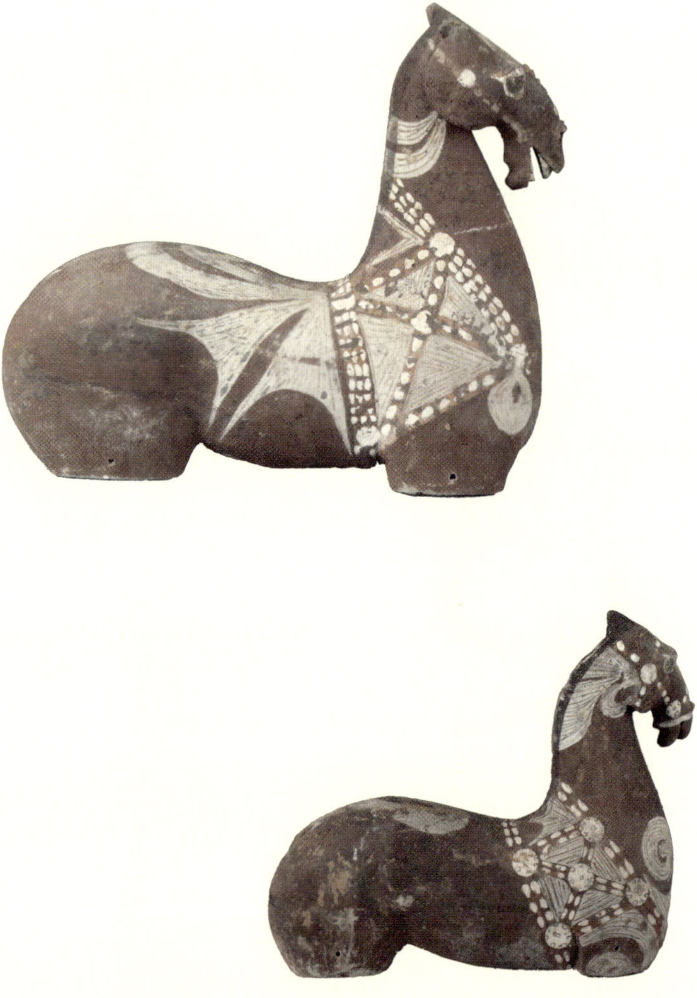

平阴西山墓地出土汉代彩绘陶马俑

闵子骞墓苑东汉墓出土陶鹅

闵子骞墓苑东汉墓出土陶鸭

闵子骞墓苑东汉墓
出土陶猪

谈论治国之道。孟子问梁惠王："用木棍打死人和用刀子杀死人，有什么不同吗？"梁惠王回答说："没有什么不同的。"孟子又问："用刀子杀死人和用政治害死人有什么不同？"梁惠王说："也没有什么不同。"孟子接着说："现在大王的厨房里有的是肥肉，马厩里有的是壮马，可老百姓面有饥色，野外躺着饿死的人。这是当权者在带领着野兽来吃人啊！大王想想，野兽相食尚且使人厌恶，那么当权者带着野兽来吃人，怎么能当好老百姓的父母官呢？孔子曾经说过，首先制作俑的人，他是没有后代的吧！您看，用人形的土偶来殉葬尚且不可，又怎么可以让老百姓活活地饿死呢？"根据孔子"始作俑者，其无后乎"这句话，后人将"始作俑者"引为成语，比喻第一个做某项坏事的人或某种恶劣风气的创始人。

腊山分洪北齐傅华墓
出土石俑

汇统花园隋代墓出土石俑

济南考古馆中展示了许多精美的人俑和动物俑。例如平阴西山墓地出土的汉代陶人俑和陶马俑，保存完整，虽历经千年，彩绘色泽依然鲜活明艳，十分难得。此外，章丘危山汉墓陶俑陪葬坑也出土了大量陶俑，该墓属于汉代的王墓陪葬坑，其恢宏的气势可想而知。在济南闵子骞墓苑东汉墓、奥体中路东汉墓和天桥区药山东汉墓中均发现了大量动物陶俑及彩绘陶制明器，数量多达 154 件。这些明器主要分为建筑明器、生活用具明器和禽畜明器三种类型，造型栩栩如生，制作工艺精良。除陶俑外，济南考古馆中还展示有 4 件石人俑。要知道，石俑只有身份地位尊贵的人才能拥有。这 4 尊石人俑分别出土自北齐宜阳国太妃傅华墓和隋文帝堂舅吕道贵墓，吕道贵墓也是济南地区出土的第一座隋代皇亲墓。这些文物既是历史的见证和缩影，也是人类文明不断进步的实物佐证。

成语释义

始作俑者

意思：开始制作俑的人。比喻首先做某件坏事的人或恶劣风气的创始人。

出处 / 示例：《孟子 · 梁惠王上》："始作俑者，其无后乎！"

十年磨剑　剑胆琴心

前面我们介绍过戈、钺、刀、矛等古代兵器，它们长短不一，形制各异，作战特点也不尽相同。在冷兵器时代，各种兵器相互配合，扬长避短，为战争胜利发挥了至关重要的作用。接下来，我们再来介绍兵器家族中的另一名重要成员——剑。

平阴西山墓地出土战国铜剑

剑素有“百兵之君”的美称，是古代最常用也是最普遍的兵器之一。有关制剑的史料记载始于商代，当时主要为铜剑，形制是匕首式短剑，与刀同类，两者的区别在于单刃和双刃。春秋末年开始流行长剑，由最初的“匕首式短剑”发展到长达 1 米左右。长剑便于战斗，短剑利于护身，还可以用于刺杀，各有所长。相信大家对“荆轲刺秦王”这个故事并不陌生。荆柯刺秦王时，嬴政欲拔剑自卫，因剑过长而未能拔出。幸得侍臣提醒，将剑移到背后方才拔出。秦王利剑出鞘，荆轲因匕首太短且无法靠近秦王，只得孤注一掷，将匕首掷向秦王，却未能击中。秦王一剑劈下荆轲左腿，血染大殿，荆轲跛脚，无力回天。除了秦王的长剑，《史记·项羽本纪》中“鸿门宴”一节也记载了剑的适用范围。楚汉战争时期，剑是军中的常备武器，不论统帅、谋士、将领还是护卫，均随身佩剑。

平阴西山墓地出土战国铜剑

到了汉代，冶铁业蓬勃发展，带动了铁剑的锻造和流行。当时锻造出来的铁剑耐磨，而且润滑性良好，剑刃锋利。在西汉早期，军队作战时铁剑和青铜剑混合使用。西汉中期以后，青铜剑逐渐被铁剑取代，数量越来越少。到了东汉末年，无论是军中还是日常生活中，都很少再使用或佩带青铜剑了。

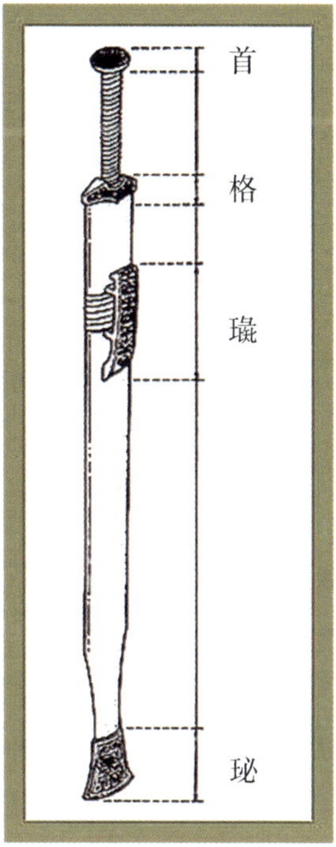

玉具剑示意图

除了在作战中使用，佩剑还是汉代官吏们应该履行的义务，在特殊的仪式或场面中，佩剑更是不可缺少，所谓“剑者，君子武备，所以防身”就是这个道理。贵族阶级佩剑则为追求华美，“世之人主多以珠玉戈剑为宝”，装具多采用玉具或使用错金错银工艺，成为装饰华美的工艺品。西汉的佩剑制度使得剑的功能由实用逐渐演化为身份、权力、地位和品质高洁的象征。

魏家庄墓地出土汉代铁剑

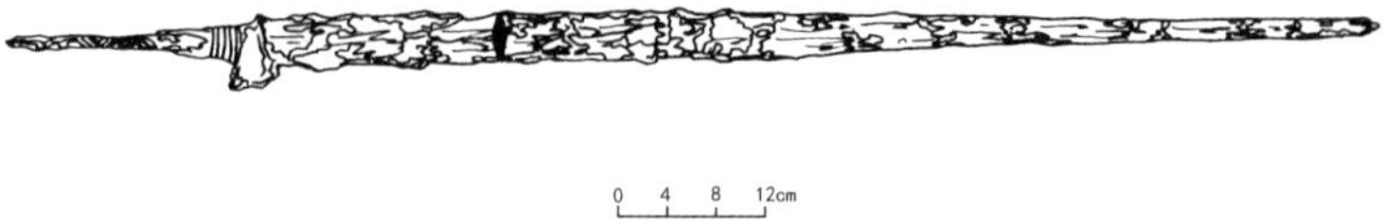

魏家庄墓地出土汉代铁剑线图

由于史书中对剑的描写远胜其他兵器，慢慢形成了一种文化现象，也产生了一系列与剑有关的成语。唐代贾岛《剑客》诗云："十年磨一剑，霜刃未曾试。今日把似君，谁为不平事？""十年磨剑"比喻多年刻苦磨练。唐玄宗时期的宰相李林甫，和人接触时总是露出一副和蔼可亲的样子，嘴里尽说些动听的"善意"话，但实际上，他的性格非常阴险狡猾，常常暗中害人。因而司马光在编写《资治通鉴·唐玄宗天宝元年》时评价李林甫"口有蜜，腹有剑"。之后"口蜜腹剑"就比喻口头上说话好听，像蜜一样甜，肚子里却怀着暗害人的阴谋。金代丘处机在《神光灿》中写道："不在唇枪舌剑，人前斗、惺惺广学多知。"文中"唇枪舌剑"的意思是舌如剑，唇像枪，后形容言辞锋利，像枪剑一样。"剑拔弩张"原形容书法笔力遒劲，后多形容气势逼人，或形势紧张，一触即发。"剑胆琴心"比喻既有情致，又有胆识。"买犁卖剑"原指放下武器，从事耕种，后比喻改业务农或坏人改恶从善。

济南考古馆中展示的战国青铜剑出土于平阴西山墓地，共7把，形制大同小异，长短稍有不同。它们虽深埋地下两千余年，剑身依然完整如新，剑刃更是锋利异常，稍有不慎就会划破手指。

魏家庄墓地出土汉代玉剑首

这些青铜剑造型规整，工艺精美，应为墓主人生前佩剑。西晋崔豹在《古今注》中记载："当高祖为亭长，理应提三尺剑耳；及贵，当别得七尺宝剑。"可见，剑的长度可以直观反映佩剑者的身份。济南魏家庄墓地出土汉代铁剑 15 把，长度在 85—114.5 厘米之间，有的铁剑配有玉质剑首和剑璏，有的剑柄上缠着细细的金丝。虽周身锈迹斑斑，伤痕累累，但这些 1 米有余的长剑充分体现了墓主人身份和地位的尊贵。

成语释义

刀光剑影

意思：隐约显现出刀剑的闪光和影子。形容环境充满了凶险的气氛。

出处/示例：南朝梁·吴均《战城南四首》之一：“剑光夜挥电，马汗昼成泥。”

故剑情深

意思：故剑比喻结发之妻。结发夫妻情意浓厚，指不喜新厌旧。

出处/示例：《汉书·外戚传上》：“公卿议更立皇后，皆心仪霍将军女，亦未有言。上乃诏求微时故剑，大臣知指，白立许倢伃为皇后。”

剑拔弩张

意思：剑拔出来了，弓张开了。原形容书法笔力遒劲。后多形容气势逼人，或形势紧张，一触即发。

出处/示例：南朝梁·袁昂《古今书评》：“韦诞书如龙威虎振，剑拔弩张。”

剑及屦及

意思：形容行动坚决迅速。

出处/示例：《左传·宣公十四年》：“楚子闻之，投袂而起，屦及于室皇，剑及于寝门之外，车及于蒲胥之市。秋九月，楚子围宋。”

剑戟森森

意思：比喻人心机多，很厉害。

出处/示例：《北史·李义深传》：“剑戟森森李义深。”

刻舟求剑

意思：比喻办事拘泥，不懂得根据实际情况处理问题。

出处/示例：《吕氏春秋·察今》》：“楚人有涉江者，其剑自舟中坠于水，遽契其舟曰：‘是吾剑之所从坠。’舟止，从其所契者入水求之。舟已行矣而剑不行，求剑若此，不亦惑乎！”

卖剑买牛

意思：原指放下武器，从事耕种。后比喻改业务农或坏人改恶从善。

出处/示例：《汉书·龚遂传》："民有带持刀剑者，使卖剑买牛，卖刀买犊。"

项庄舞剑，意在沛公

意思：项庄席间舞剑，企图刺杀刘邦。比喻说话和行动的真实意图别有所指。

出处/示例：《史记·项羽本纪》："今者项庄拔剑舞，其意常在沛公也。"

学书不成，学剑不成

意思：学习书法没学好，学习剑术也没学到手。指学习一无所成。

出处/示例：《史记·项羽本纪》："项籍少时，学书不成，去学剑，又不成。"

铸剑为犁

意思：销熔武器以制造务农器具。

出处/示例：《孔子家语·致思》："铸剑戟以为农器，放牛马于原薮，室家无离旷之思，千岁无战斗之患。"

瓦罐不离井上破　坛坛罐罐

刘家庄遗址出土商代灰陶罐

文物通常会与珍贵稀有、价值连城联系在一起，给人高冷、神秘之感，好像站在高高的神坛之上，离我们十分遥远。殊不知，很多文物就是古人日常生活中使用的锅碗瓢盆、瓶瓶罐罐，散发着浓浓的人间烟火气。接下来要介绍的器物，不仅在古代与人们的生活密不可分，在现代也时常见到。因而，我们在博物馆中见到它时不仅没有距离感，反而感到十分亲切，这种器物就是罐。

济阳三官庙汉墓出土东汉青釉瓷罐

古代的罐主要用来盛放或烹煮食物，其造型特点是口径大，颈部内收，腹丰且深，大底圈足。《说文解字》中对“罐”的解释为：“罐，器也。从缶，雚声。”考古发掘中出土的罐以陶罐和瓷罐为主。陶罐早在新石器时代已开始烧制。汉代青瓷罐因烧造技术成熟，质地坚固，又有靓丽的青绿色光泽，便取代陶罐成为人们生活中的首选。宋元时期，由于堆、贴、刻、划、镂雕等装饰技法在瓷器中的广泛应用，瓷罐的发展进入辉煌时期。明代是罐的鼎盛时期，由于“罐”与“官”谐音，罐在人们心目中的地位超过了瓶、尊，成为兴旺门庭的吉祥物，是居家的重要陈设之一。到了清代，人们将瓷瓶赋予“吉庆平安”“平生富贵”等美好寓意，罐的风头逐渐被瓶取代，其装饰性能大大减弱，器形主要突出其实用性，重新变为盛贮用器。

章丘女郎山墓地出土
唐代青釉双系瓷罐

卫巷遗址出土
唐代白釉双系瓷罐

山东女子学院元代墓出土
带盖黑釉瓷罐

县西巷遗址出土
宋代青釉瓷罐

高都司巷遗址出土
明代酱釉瓷罐

解放东路鲍德·现代
逸城工地出土金代
酱釉双系瓷罐

高都司巷遗址出土
战国灰陶罐

腊山汉墓出土灰陶罐

宽厚所街遗址出土
南北朝时期青釉瓷罐

旧军门巷遗址出土元代
黑釉凸线纹双系瓷罐

济南高都司巷遗址出土有战国时期的灰陶罐，是古人从井中取水时用的汲水器。由汲水罐还产生了一句俗语“瓦罐不离井上破”。《汉书·游侠传》中记载：“观瓶之居，居井之眉，处高临深，动常近危。……一旦叀碍，为甇所轠，身提黄泉，骨肉为泥。”唐代《汉书》研究专家颜师古注曰：“言瓶忽县碍不得下，而为井甇所击，则破碎也。”后来用“瓦罐不离井上破”指汲水的瓦罐终将破碎于井上，含有势所必至之意。

现代汉语中与罐相关的成语还有破罐破摔、坛坛罐罐。“破罐破摔”的字面意思是罐子已经破了，又往破里摔，比喻有了缺点、错误或受到挫折后不加改正，反而有意朝更坏的方向发展。坛是一种口小肚子大的陶器，罐是盛东西用的大口陶

章丘女郎山墓地出土宋代白釉瓜棱瓷罐

瓷器皿，因此“坛坛罐罐”用来形容旧有的条条框框或规矩等。

在漫长的发展演变中，罐也发展出了不同的样式。济南考古馆中展出的罐主要有盖罐、双系罐、四系罐、瓜棱罐等。古人对实用性的追求并不亚于我们现代人，由于罐的口较大，不利于保持罐内存放物品的卫生，所以早在新石器时期，人们便为陶罐配上专用的盖子，济南腊山汉墓中就出土了一件汉代的陶盖罐。系罐是魏晋至唐代青瓷中常见的一种器型，特点是直口、丰肩、鼓腹、平底，肩部有系。系由两根或四根泥条捏成或削成桥形，依据形制的不同会有不同的造型及装饰。罐的肩部带系的形制在两晋南北朝非常流行，并延续至唐宋。系不仅方便提挂，双系、四系还给人以平稳感及美感，可谓一举两得。济南考古馆中有两件宽厚所街遗址出土的南北朝青釉四系罐，器形较大，保存比较完整。卫巷遗址还出土了一件宋代黑釉双系瓷罐，考古人员在这个罐子里发现了一宗金银首饰，推测当时发生了战乱，人们出去避难之前将不易携带的金银细软埋在地下以待日后取回。但由于种种原因，这批首饰直到千年之后才得以重见天日，让我们有幸一睹其风采。除此之外，济南考古馆中还展示了几件器形小巧的瓜棱罐，因罐身呈瓜棱形而得名。其中一件白釉瓜棱罐出土于七家村宋代墓群中。瓜棱罐在明代较为流行，嘉靖、万历年间烧制量较大。

发生在这些瓶瓶罐罐身上的故事已随风而逝，但透过这些文物，我们能够感受到当时的社会生活、文化审美和经济发展等情况，所以它们具有重要的历史价值和文化价值。可以说，每一件文物都是历史的亲历者，罐也不例外。

成语释义

破罐破摔

意思：比喻有了缺点、错误或受到挫折后不加改正，反而有意朝更坏的方向发展。

出处/示例：周立波《暴风骤雨》第二部：“好些年来，他自轻自贱，成了习惯，破罐子破摔，不想学好了。”

井井有条　背井离乡

“古者穿地汲水，以瓶引汲，谓之为井”，可见井是一种用来从地表下取水的装置。原始社会早期社会生产力低下，人们傍水而居，方便直接从江河、湖泊和溪流中取水。后来通过长期实践，人们学会了挖井取水。水井是古人的一项重大发明，是集体智慧的体现。井的出现改变了人们逐水而居的生活方式，扩大了人类活动范围。水井作为重要的生产生活设施之一沿用至今。

高都司巷遗址出土未经砌筑的古井

梁二村战国墓出土春秋时期木框架水井

我国是世界上开发利用地下水最早的国家之一，殷商时期的甲骨文中已有“井”字。根据考古发掘资料，早在6000多年前的河姆渡时期，人们已经掌握了打井技术。最早出现的水井是土井，这种井浅且容易坍塌，井水的卫生条件也难以保证。到了商代，人们开始使用木井，即在水井的井壁和井底安置木质井盘，这在一定程度上既防止了井壁的坍塌，也使人类使用的水更为洁净。春秋战国时期，一种先进的水井——陶圈井出现，它是将陶土制作的井圈在土井中套叠起来成为筒状，以便更好地过滤泥沙，让人们喝到更干净的水。到了汉代，随着砖的广泛使用，砖井也开始出现。汉代以后，使用最多的是砖井和石砌井，当然也存在一些特殊的水井。除了日常用水，古人还借助井中的温差来藏物保鲜。相传三国时的名将张飞，曾在涿州城内以卖肉为生。他将肉悬于井中保质保鲜，明日可取出再卖。张飞力大无穷，搬起大石头做井盖，平常人挪不开，大石头成了井这个保鲜箱的门锁。

高都司巷遗址出土
战国陶壁井圈

高都司巷遗址
出土砖砌古井

由于井与人们的生活密不可分，所以衍生出一系列与井有关的成语，如坐井观天、井底之蛙、落井下石、背井离乡、市井无赖、井井有条等，诉说着与“井”有关的故事。古代因井设市，所以称人口集聚的地方为“市井”。先秦时期，“井”字又指一种土地制度——井田制。由于划分的“井田”整齐有序，所以“井”有条理分明的意思，如井井有条。我们常说离开家乡是“背井离乡”，这是因为过去的村落和大家族都是聚井而居，水井就成了家乡的代名词。《庄子·秋水》曰：“井蛙不可以语于海者，拘于虚也。”“井底之蛙”指井底的青蛙认为天只有井口那么大，后来比喻人见识短浅。韩愈《原道》曰：“坐井而观天，曰天小者，非天小也。”“坐井观天”指坐在井里看天，后用来比喻和讽刺眼界狭窄或学识肤浅之人。

高都司巷遗址出土带水渠的宋代古井

奥体中路东汉墓出土
绿釉陶井

闵子骞墓苑东汉墓
出土陶井

济南自古泉水丰沛，被誉为“泉城”，在旧军门巷、高都司巷以及按察司街等老城区遗址的发掘中，都发现了各时期的水井。在老城区出土如此密集的水井，说明这一区域水源充沛且得到了充分的利用。出土水井以圆形为主，皆采用直接下挖的方式，再用陶、砖或者石头砌筑成井圈。在高都司巷遗址发现一口战国时期的古井，用一个个陶井圈圈筑而成，出土的三个陶井圈直径约85厘米，高约30厘米，壁厚约2.5厘米，为泥质灰陶，高直筒状，胎土细腻，形体规整。

除了实物水井，在闵子骞墓苑东汉墓以及奥体中路东汉墓中还出土了汉代陶井。汉代厚葬之风盛行，事死如事生，人们希望死后在阴间也过着如同阳间般的生活，所以营建冥宅大墓，大量随葬生活用器，也将陶质水井（明器）埋入墓葬作为财产的象征。在汉代墓葬中的画像、石像以及壁画中都可看到水井的形象以及人们日常汲水的画面，生动有趣。

成语释义

断井颓垣

意思：断裂的井栏，塌毁的院墙。形容田宅毁弃的破败荒凉景象。

出处/示例：明·汤显祖《牡丹亭》第十出：“原来姹紫嫣红开遍，似这般都付与断井颓垣。”

避坑落井

意思：躲过了坑，又掉进井里。比喻躲过一害，又受一害。

出处/示例：《晋书· 褚翜传》："今宜共戮力以备贼，幸无外难，而内自相击，是避坑落井也。"

井然有序

意思：整整齐齐，有条理，有次序。

出处/示例：清·王夫之《夕堂永日绪论外编》："以制产、重农、救荒分三事……井然有序。"

落井下石

意思：看见别人落在井里，还往井中丢石头。比喻乘人之危，加以打击、陷害。

出处/示例：唐·韩愈《柳子厚墓志铭》："落陷阱，不一引手救，反挤之，又下石焉。"

临渴掘井

意思：口渴了才去挖井。比喻事先不做好准备，事到临头才想办法。

出处/示例：《黄帝内经·素问·四气调神大论》："夫病已成而后药之，乱已成而后治之，譬犹渴而穿井，斗而铸锥，不亦晚乎！"

牵牛下井

意思：比喻事情棘手，很难办到。

出处/示例：清·彭养鸥《黑籍冤魂》第十五回："至如负贩经商，登山涉水，吃烟人更是牵牛下井。"

市井之臣

意思：旧指城市里的老百姓。市井：古时用之称做买卖的地方。

出处/示例：《管子·小匡》："处商必就市井。"《孟子·万章下》："在国曰市井之臣，在野曰草莽之臣，皆谓庶人。"

挑雪填井

意思：比喻劳而无功。

出处 / 示例：唐・顾况《行路难三首》之一："君不见担雪塞井空用力，炊砂作饭岂堪吃。"

亲操井臼

意思：指亲自料理家务。

出处 / 示例：汉・刘向《列女传・周南之妻》："家贫亲老，不择官而仕。亲操井臼，不择妻而娶。"

学如穿井

意思：求学如同凿井。比喻在学习当中，学到的知识越深也就越难，因此为了获得更深的学问，必须要有百折不挠的进取精神。

出处 / 示例：宋・张君房《云笈七签》："学道当如穿井，井愈深，土愈难出。"

结草衔环 环环相扣

“环”是指圆圈形的物体。《尔雅·释器》：“肉倍好谓之璧，好倍肉谓之瑗，肉好若一谓之环。”可见，璧、瑗、环三者的区别在于其中心圆孔的大小，大孔者为瑗，小孔者为璧，孔径与环边相等者为环。

“环”最初指的是玉环，是古时装饰性的佩饰。因“环”与“还”同音，故而玉环是寓意美满和谐的信物。《荀子·大略》载：“反绝以环。”在古代社会关系中，一方把玉环送给另一方表示召回

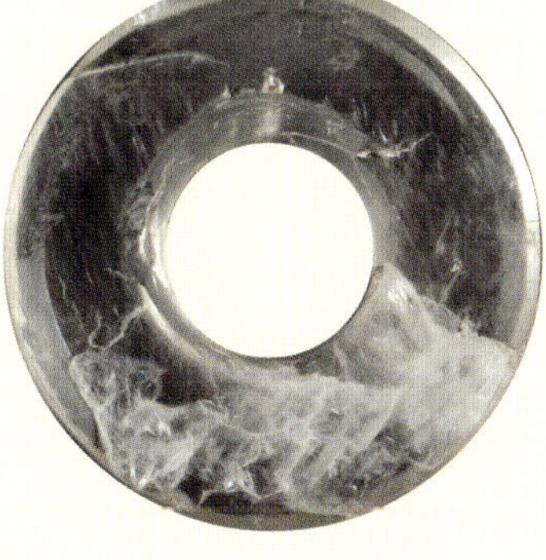

平阴西山墓地出土
战国水晶环

平阴西山墓地出土
战国玉髓环

绝交的人，恢复原来的关系。当罪臣流放外地时，如果收到君王送来的玉环，说明当事人还有复见君王的机会。

除玉环之外，金环作为信物或者装饰品也是比较常见的。但是金环单独作为饰品的可能性不大，一般都是组合使用或者是附在其他器物上面。唐代李贺《贝宫夫人》诗言："丁丁海女弄金环，雀钗翘揭双翅关。"意思是在风儿的吹拂下，海神之女（贝宫夫人）身上佩戴的金环和玉佩相互撞击，发出清脆悦耳的叮当之声，她发髻上的雀形钗头高高地耸立着，但雀的两只翅膀收拢着，并未打开。可见，诗中的"金环"是指女子饰品。李贺还写过诗句"华裾织翠青如葱，金环压辔摇玲珑"，后半句的意思是车马装饰十分豪华，马辔上装饰着金环，马颈上佩戴的金铃摇动着，玲珑悦耳，声音清脆。此处的"金环"指的就是马辔上的装饰品。

从古至今，圆环都是日常生活中常见的物品，与"环"有关的成语也不在少数。"结草衔环"这个成语大家并不陌生，但估

梁二村战国墓出土战国金环

洛庄汉墓出土
西汉金环

计很少有人知道它是来自两个历史典故。“结草”见于《左传·宣公十五年》。春秋时，晋国的魏武子在生病时曾嘱咐他的儿子魏颗，在他死后，把一个没有生过儿子的妾嫁出去。后来武子病重，又告诉魏颗在自己死后让这个妾陪葬。武子死后，魏颗觉得父亲病危时神志不清，这时说的话可能不是其真实意愿，便依照他以前的吩咐把武子的妾嫁出去了。后来，魏颗领兵和秦国打仗，看见战场上有个老人把遍地的草都打成结子，缠住秦军的战马，使秦军兵将纷纷坠马，魏颗因此获胜并俘虏秦将杜回。当夜，魏颗做了个梦，梦见在战场上结草的老人自称是那位出嫁的妾的父亲，借此来报答魏颗未将自己女儿陪葬的恩德。“衔环”的故事讲的是，东汉的杨宝在9岁时，从华阴山北捉了一只受伤的黄雀，把它带回家饲养，等伤好后将黄雀放归。之后，杨宝梦见黄雀化作一个黄衣童子回来报恩，自称是西王母的使者，并口衔4枚白环，说杨宝的子孙将来都会位列三公，为政清廉，处事行事如白环一般洁白无瑕。果然如黄衣童子所言，杨宝的儿子杨震、孙子杨秉、

洛庄汉墓出土
西汉鎏金铜环

洛庄汉墓出土西汉铜三连环

曾孙杨赐、玄孙杨彪四代都官至太尉，他们刚正不阿、为政清廉的美德为世人所传颂。后人将这两个典故合二为一，用“结草衔环”来比喻受人恩惠定当厚报，至死不忘。唐李华《祭萧颖士文》曰：“古称管鲍，今则萧李。有过必规，无文不讲。知名当世，实类吾人。循环往复，何日亡此。”“循环”的意思是沿环行走无始无终，“循环往复”指周而复始，去而复来，形容反复进行，没有止息。成语“环环相扣”的意思是一环接着一环，形容连接紧密。“险象环生”的意思是危险的局面不断产生。

济南考古馆中展示了平阴西山墓地出土的战国水晶环和玉髓环。水晶环无色透明，有絮状包裹体、绺裂和水草纹。玉髓环颜色微黄，透明。这些战国水晶、玉髓饰件切割面规矩而标准，抛光平滑光洁，呈明显玻璃光泽，简洁大方，体现了战国时期高超精湛的水晶、玉髓制作技术。

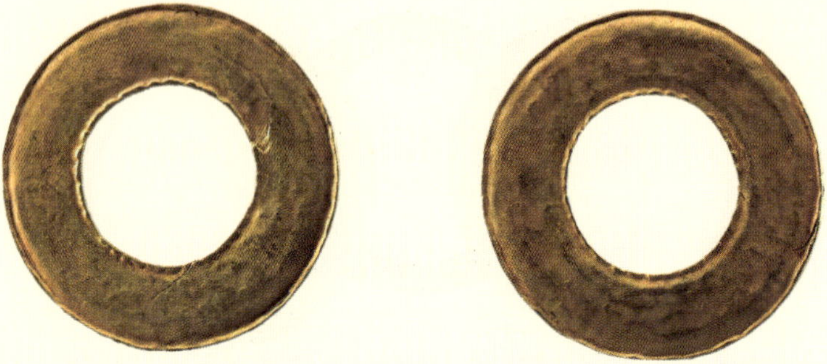

卫巷遗址出土宋代金环

济南考古馆中还展示着 4 枚金环。其中 2 枚战国金环是从历城区梁二村战国墓 M1 附近的泥土中采集到的。金环十分小巧，推测应该是附在其他大型器物上的装饰品。另外 2 枚宋代金环出土于卫巷遗址宋代金银器窖藏中，金银器都藏在一个黑釉瓷罐中，共 35 件（套），这 2 枚金环就在其中，虽通体光素无纹，但形制简约大方。

成语释义

蛇珠雀环

意思：指大蛇衔明珠、黄雀衔白环报恩。

出处/示例：明·田艺蘅《留青日札·方正学蛇报之妄》："小人之说不止蛇珠雀环之可笑也。"

环肥燕瘦

意思：形容女子体态不同而各有其风韵。也比喻艺术作品风格流派各具特点，各擅其美。环：唐玄宗贵妃杨玉环。燕：汉成帝皇后赵飞燕。

出处/示例：宋·苏轼《孙莘老求墨妙亭诗》："杜陵评书贵瘦硬，此论未公吾不凭。短长肥瘦各有态，玉环飞燕谁敢憎。"

瑶环瑜珥

意思：比喻美好如玉的子弟。瑶：美玉。珥：用玉制作的耳饰。

出处/示例：唐·韩愈《殿中少监马君墓志》："幼子娟好静秀，瑶环瑜珥，兰茁其芽，称其家儿也。"

众星环极

意思：比喻众物围绕一物或众人拥戴一人。

出处/示例：《论语·为政》："譬如北辰，居其所而众星共之。"汉·张衡《西京赋》："譬众星之环极，叛赫戏以辉煌。"

辙环天下

意思：乘车环游天下。

出处/示例：唐·韩愈《进学解》："昔者孟轲好辩，孔道以明，辙环天下，卒老于行。"

权宜之计　权衡利弊

说到秤，大家一定不陌生，买物称重离不了它。从天平、电子秤、杆秤、案秤、台秤、地磅到家家都有的体重秤等，秤的种类多样，五花八门。那古人是如何进行称量的呢？现在我们就来介绍一下古代用到的称量工具——权。

从海外回流的
“秦始皇诏文铜权”

洛庄汉墓出土西汉铜权

洛庄汉墓出土
西汉铁权

腊山东路汉墓出土
铜权

济南市博物馆藏元代铜权

无论是原始的物物交换，还是征收赋税、买卖商品以及铸造钱币等，都需要进行称重。我国古代用来确定物体重量的器具，称作“衡”或“衡器”。“衡”指运用杠杆原理显示物质重量数值的横杆，即我们今天所说的秤杆或天平上的横梁；而与衡相配使用以调整自身重量或变动自身位置，使被称物质在衡杆上定位的重物，称为“权”，就是衡器的砣，亦称“秤砣”“秤锤”“秤权”。从现有出土和传世的各种权来看，我国现存最早的权是战国时期流传较广的秦权和楚权。汉代称权为“累”，民间呼之为“公道老儿”。《汉书·律历志上》载：“权者，铢、两、斤、钧、石也，所以称物平施，知轻重也。”清人李光庭在《乡言解颐》中说：“市肆谓砝码为招财童子，谓秤锤为公道老儿。”权衡取其平，平者乃公道之谓也，“权衡”一词由此而来。权也逐渐引申出“衡量”“变通”“可支配和指挥的力量”“权力”等意义。

除作为衡器使用外，权还作为吉祥物、明器等使用。相传民间搬家时，习惯先搬过去一个秤砣（多为陶瓷或石质），造屋上梁时，将它悬挂梁上，寓意“称心如意”，代表了人们对未来美好生活的向往。用权陪葬则是为显示墓主人生前地位荣耀。

历代的权材质多样，以铜、铁、陶、瓷、石质等较为常见，造型有长方形、银锭形、方胜形、圆柱形、扁圆形、葫芦形、圜形、鼓形，还有果蔬造型以及蚁鼻兽、钱鼠、猴、羊、蟾等动物造型。

由于权与我们的日常生活息息相关，许多词语或成语都与权有关。如“权宜之计”是指为了应付某种情况而暂时采取的办法，其典故出自《后汉书·王允传》。东汉末年，军阀董卓率军进入洛阳，废掉汉少帝，另立9岁的汉献帝，窃居相位，权势烜赫一时。董卓有一个部将名叫吕布，精通武艺。二人专横跋扈，肆意杀戮朝臣和百姓，弄得民怨沸腾。司徒王允见董卓祸害日深，决定用计策说动吕布杀死董卓。192年，汉献帝久病初愈，在未央殿大会群臣。董卓命令吕布等带领卫队护卫。此时，王允设下的伏兵突然朝董卓冲杀过去，董卓从马车上摔下来，大声疾呼：“吕布在哪里？”吕布怒喝一声：“皇上下令诛杀你这个逆贼！”喊声刚落，便一戟将董卓刺死。董卓被杀死后，王允认为大患已除，天下太平，做事“不循权宜之计”，所以好多部下对他逐渐疏远了。不久，董卓的旧部郭汜、李傕攻入都城长安，杀死王允，赶走吕布。后来，郭汜、李傕又争权夺利，关中地区出现军阀混战的局面。这便是成语“权宜之计”的由来。除此以外，成语“权衡利弊”指比较一下哪一个有利，哪一个有害。“争权夺利”指争夺权柄和利益。“权倾天下”是说权势压倒天下，形容权势极大。“贪权慕禄”出自宋代朱熹《孟子集注·万章下》，原文是“若不能然，则是贪位慕禄而已矣”，说的是人贪恋权位，羡慕俸禄。

济南市考古研究院收藏有洛庄汉墓和济南腊山东路汉墓出土的汉代铜权、铁权。最大的一个铁权有几十斤重，最小的只有十几克重。其中，腊山东路汉墓出土的三件汉代铜权在济南考古馆中陈列展示，它们重量、体积各不相同，并且带有铭文，应是当时的实用器具。

成语释义

比权量力

意思：比较衡量两方面的权力和力量。

出处/示例：汉·贾谊《过秦论上》：“试使山东之国与陈涉度长絜大，比权量力，则不可同年而语矣。”

篡位夺权

意思：夺取君主的位置及其权柄。篡：夺取，特指臣子夺取君位。

出处/示例：元·尚仲贤《三夺槊》第四折：“那凶顽狠劣，奸滑侥幸，则待篡位夺权。”

大权独揽

意思：指独自一人把持处理重要事情的权力。

出处/示例：清·曾朴《孽海花》第六回：“兵士又没感情，他却忘其所以，大权独揽，只弄些小聪明，闹些空意气。”

大权旁落

意思：处理重大事情的权力落到旁人手里（多指领导人被架空）。

出处/示例：明·东鲁古狂生《醉醒石》第十一回："借光唬百兽，大权叹旁落。"

大权在握

意思：手中掌握着处理重大事情的权力。

出处/示例：清·曾朴《孽海花》第二十一回："总要升到了秤长，这才大权在握，一出一入操纵自如哩！"

权衡轻重

意思：衡量哪个轻，哪个重。比喻比较利害得失的大小。

出处/示例：《商君书·弱民》："战不胜，守不固，此无法之所生也，释权衡而操轻重者。"

人微权轻

意思：指人的资历浅，威望低，权力不能使大家信服。

出处/示例：《史记·司马穰苴列传》："加之大夫之上，士卒未附，百姓不信，人微权轻。"

通权达变

意思：通晓权宜，适应变化。指办事不死守常规，能根据实际情况灵活变通。

出处/示例：《后汉书·贾逵传》："《左氏》义深于君父，《公羊》多任于权变。"

生杀之权

意思：操纵着叫人生或死的权力。形容权力很大。

出处/示例：汉·荀悦《汉纪·孝哀皇帝纪》："况郭解之论（伦），以匹夫之细，窃生杀之权，罪已不容于诛矣。"

挟势弄权

意思：倚仗势力，玩弄权术。

出处/示例：《明史·奸臣传》：“掌科给事中吴麟征、掌道御史礼彪佳劾昌时挟势弄权。”

权变锋出

意思：随机应变，锋芒毕露。形容言辞锐利。

出处/示例：汉·荀悦《汉纪·前汉孝武皇帝纪一》：“朔对问响应，权变锋出，文章辞令横无穷，上颇倡优畜之。”

权豪势要

意思：有权力的豪门，有势力的要人。指有权势的人。

出处/示例：元·宫天挺《死生交范张鸡黍》第一折：“只随朝小小的职名，被这大官人家子弟都占去了，赤紧的又有权豪势要之家，三座衙门，把的水泄不通。”

权倾天下

意思：权势压倒天下。形容权势极大。

出处/示例：晋·袁宏《后汉纪·孝桓皇帝纪下》：“天朝政事，一更其手，权倾天下。”

权时制宜

意思：斟酌形势，随机应变。

出处/示例：汉·王充《论衡·答佞》：“人操行无恒，权时制宜，信者欺人，直者曲挠。”

金印紫绶　印累绶若

印章在我国起源甚早。汉代《春秋合诚图》中记载，尧与舜乘舟泛游，忽然一只凤凰飞到他们面前，将背负的图书交给尧。图书装在一个赤玉匣中，长三尺八寸，上有黄玉检斗，用绳子捆扎，两端用泥封固，盖有“天赤帝符玺”印章。“印者，信也”，印章是信物，是身份和行使职权的凭证。

洛庄汉墓出土“吕内史印”封泥

印章的种类繁多，有官印、姓名印、肖形印、收藏鉴赏印等。印章从属性上可分为官印和私印两大类。官印是权力的象征，官员等级之高低、权力之大小，以印的大小、质地乃至名称等加以区别。官印以外的所有印章统称为私印，以姓名印为主。

秦以前，无论官、私印都称“玺”，是商业上交流货物时的凭证。秦统一六国后，规定皇帝的印章称“玺”，臣民只称“印”。

洛庄汉墓出土
“吕大官丞”封泥

洛庄汉王陵出土
“吕大官印”封泥

汉承秦制但略有放宽，也有诸侯王、王太后之印章称为“玺”的情况。武则天时因觉得“玺”与“死”音近，遂改称为“宝”。唐至清沿旧制而“玺”“宝”并用。为便于携带，古人在印章的上方穿孔，系上绥带佩于腰间，称为“佩印”。印纽也称“印鼻”，最初只为实用，没有观赏价值。后来随着印章的不断发展，印纽逐渐成为一种雕刻艺术和寓意象征。虽印面形状中规中矩、一成不变，但纽制极为多样，有螭、龟、辟邪、虎、狮、象、驼、豸、羊、兔、凫、蟾、蛇等。其中以坛纽、鼻纽、覆斗纽最为常见。造型生动的印纽使印章变得更加灵动，富有美感，成为整个印章的点睛之笔，充分显示了工匠的巧思妙想。

我国古代还有一种用印的痕迹——封泥。封泥又叫“泥封”。春秋战国时期，无论是命令还是来往的公文，都写在竹简、木札上，封发时用绳捆缚，别人很容易拆开，导致泄密。为防止私自拆启，在绳结上封一泥块，把印章盖在泥块上进行封护。隋唐以后，纸张逐渐替代了简牍，印色则取代了封泥，封泥也逐渐退出历史舞台。

印章是中国灿烂历史文化的重要组成部分，史籍中有很多与印章相关的记载。《汉书·百官公卿表上》："相国、丞相，皆秦官，金印紫绶。""金印紫绶"的字面意思是黄金印章和紫色绶带，原为秦汉时丞相、太尉等大官的印绶，后用以指代高官显位。《汉书·石显传》："牢邪石邪，五鹿客邪！印何累累，绶若若邪！""印累绶若"形容官吏身兼数职，声势显赫。"金印如斗"指像斗一样大的金印，比喻官高位尊、功勋卓著。

济南考古馆中展示的水晶印章和玉髓印章出土于腊山汉墓。水晶印章整体透明，覆斗纽，印面正方形，鸟虫书体阴文"傅

腊山汉墓出土玉髓印章

腊山汉墓出土水晶印章

腊山汉墓出土“夫人私府”封泥

魏家庄墓地出土汉代“但贤之印”铜印章

长清峀云湖宋墓出土铜印章

魏家庄墓地出土汉代“但防之印”铜印章

魏家庄墓地出土汉代“但星晶”铜印章

魏家庄墓地出土汉代“曹王鉢”铜印章

魏家庄墓地出土汉代
“鲁史临印”铜印章

魏家庄墓地出土汉代
“但诵之印”铜印章

魏家庄墓地出土汉代
铜印章

恶女”。水晶质地坚硬，不易受刀，对篆刻者的技艺是一个极大的考验。这枚水晶印章将水晶的纯净透明和鸟虫体印文的潇洒俊逸完美融合在一起，展现了汉代高超的篆刻水平。玉髓印章整体形制与水晶印章相仿，篆体阴文“妾恶女”。此印通体白色，玉质润泽细腻，是汉代印章中的至精至美之物。这两枚精美的印章属于一位高贵侯夫人的私印。济南考古馆中还陈列着与这两枚印章同出的“夫人私府”封泥1枚，以及章丘洛庄汉墓出土的“吕大官印”和“吕内史印”封泥数枚。此外，还有魏家庄墓地出土的几枚小巧精致的汉代铜印章和1枚石质吉语印章。吉语印自上而下有阴文篆书“君宜官”三字，其中“君”字第二笔及第三笔雕刻时成为变体，向下延伸，将“宜官”二字包裹其中，三字巧妙地融为一体，具有较强的艺术感。印章呈深褐色，石质不详。印章边角分明，雕刻线条纤细，古朴典雅，整体光滑，应系使用频繁或经常把玩所致。

“君宜官”（亦有“君宜高官”）字样多见于汉印及汉铜镜，也有少数出现在砚台和砖上，为汉代常用吉语，反映出当时的读书人对入仕为官的强烈追求，是封建社会“学而优则仕”思想的直观体现。

成语释义

挂印悬牌

意思：高挂官印、告牌（旧时官府用以喻示下级或百姓的告示牌）。指担任官职。

出处/示例：元·关汉卿《裴度还带》第一折："那其间日转千阶，喜笑迎腮，挂印悬牌。"

飞鸿踏雪

意思：比喻人或事虽已成过去，却留下痕迹。

出处/示例：宋·苏轼《和子由渑池怀旧》："人生到处知何似？应似飞鸿踏雪泥。"

画沙印泥

意思：书法家比喻用笔的方法。

出处/示例：唐·褚遂良《论书》："用笔当如锥画沙，如沙印泥。"

心心相印

意思：彼此的心意不用说出，就可以互相了解。形容彼此契合，心意相投。

出处/示例：唐·裴休《圭峰定慧禅师碑》："但心心相印，印印相契，使自证知光明受用而已。"

量体裁衣　车载斗量

洛庄汉墓出土西汉铜量

度量衡是我们对日常生活中用于计量物体长短、容积、轻重的工具的统称。看似普通平常的称量工具，其实蕴藏着我们老祖宗的智慧呢。接下来，我们就来说说古代用来计量容积的工具——量。

量器是古代计量农产品容量的主要器具，出现时间最早，单位名称也最复杂。在《左传》《周礼》《仪礼》《尔雅》等经典著作中都有关于容量单位的记载，专用名称有升、斗、斛、豆、区、釜、钟、溢、掬等。战国时期，官府开始铸造铜质量器，以圆形者居多，腹侧有两耳，也有椭圆形和长方形的。随着周王室的日趋衰微，各诸侯国长时间割据一方，并执行自己的一套度量衡标准。由于各国度量衡的长短、大小、轻重不同，单位不同，进位

洛庄汉墓出土西汉铜量

也不同，计量换算非常复杂，严重桎梏了社会经济的发展。为解决这一难题，商鞅在秦国的变法中，实行了平斗桶、权衡、丈尺的举措，对长度、重量、容积、面积进行了全面的改革，统一度量衡的标准。公元前 221 年，秦王嬴政灭六国，一统天下，继续沿用商鞅制定的度量衡器，并以此为标准推行全国。统一度量衡是中国古代历史上的一个重要事件，对统一多民族国家的形成和社会经济的发展起到重要的推动作用。

由于量与日常生活联系紧密，出现了许多与“量”相关的成语。“量体裁衣”是指按照身材尺寸裁剪衣服，比喻做事从实际情况出发。这个成语还有一个十分有趣的典故呢。明朝嘉靖年间，北京城中有位裁缝远近闻名。他裁制的衣服，长短肥瘦，无不合体。一次，御史大夫请他去裁制一件朝服。裁缝量好了他的身腰尺寸，问道：“请教老爷，您为官多少年了？”御史大夫很奇怪：“你量体裁衣就够了，问这些干什么？”裁缝回答说：“年轻相公初

洛庄汉墓出土西汉铜量

任高职，意高气盛，走路时挺胸凸肚，裁衣要后短前长；做官有了一定年资，意气微平，衣服应前后一般长短；当官年久而将迁退，则内心悒郁不振，走路时低头弯腰，做的衣服就应前短后长。所以，我如果不问明您做官的年资，怎么能裁出称心合体的衣服来呢？”裁缝从剪裁衣服中提炼出对象的特点，蕴藏着深奥的智慧和哲理。

“车载斗量”这个成语用来形容数量很多。三国时，蜀主刘备称帝，出兵伐吴。吴主孙权派中大夫赵咨出使魏国，向魏文帝曹丕求援。曹丕轻视东吴，接见赵咨时态度傲慢：“吴王是什么样的国君？吴国怕不怕我们魏国？”赵咨听了这种带有侮辱性的问话，心中很气愤。他作为吴国的使者，当然不能有失国家的尊严，便很有分寸地回答道：“吴王是位有雄才大略的人，重用鲁肃证明了他的聪慧，选拔吕蒙证明了他的明智，俘虏于禁而不杀证明了他的仁义，取荆州而兵不血刃证明了他的睿智，据三州虎视四方证明了他的雄才大略，向陛下称臣证明他很懂得策略。至于说到怕不怕，尽管大国有征伐的武力，小国也自有抵御的良策，何况我们吴国有雄兵百万，据江汉天险，何必怕人家？”赵咨一席从容的对答使曹丕十分叹服，不得不改用比较恭敬的口气问：“像先生这样有才能的人，东吴有多少？”赵咨答道：“聪明而有突出才能的，不下八九十人，像我这样的，那简直是用车装、用斗量，数也数不清！”听到如此得体的外交辞令，魏国朝廷上下都对赵咨肃然起敬，曹丕也连声称赞赵咨。赵咨回到东吴后，孙权称赞他不辱使命，封他为骑都尉，对他更加赏识和重用。这便是“车载斗量”这个成语的来历。

济南洛庄汉墓出土有3件西汉铜量，容积、大小皆不相同，外形也有细微差别，其中1件在济南考古馆中展示。除了这件铜量，洛庄汉墓也出土了许多重量级的文物，喜爱考古的你一定不要错过呀！

成语释义

量金买赋

意思：形容文章价值很高。

出处/示例：汉·司马相如《长门赋》序：“孝武皇帝陈皇后，时得幸，颇妒，别在长门宫，愁闷悲思。闻蜀郡成都司马相如，天下工为文，奉黄金百斤为相如、文君取酒，因于解悲愁之辞。而相如为文以悟主上，陈皇后复得亲幸。”

寸量铢称

意思：论寸来量，论铢来称。形容人过分计较得失。也指对极细小的事物也要算计一番。

出处/示例：宋·苏洵《史论下》："又欲寸量铢称以摘其失，则烦不可举。"

东量西折

意思：指量入量出时难免有折耗。量：称量。折：亏损。

出处/示例：元·高明《琵琶记》第十七出："相公，小人招不得，自古道'东量西折'，难教小人赔偿。"

斗量筲计

意思：用斗量，用筲计。形容数量很多。

出处/示例：明·胡应麟《诗薮·杂编》："南渡后，江湖流派，斗量筲计，风轨荡然矣。"

较瘦量肥

意思：比较肥瘦。比喻评论姿容。

出处/示例：清·李渔《风筝误》第二出："何曾见侯门娇丽，肯容人较瘦量肥。"

唱筹量沙

意思：把沙充米，计量时高呼数字。比喻以假象安定军心，迷惑敌人。

出处/示例：《南史·檀道济传》："道济夜唱筹量沙，以所余少米散其上。及旦，魏军谓资粮有余，故不复追。"

以升量石

意思：比喻以肤浅的理解来揣度深奥的道理。升、石：均为容量单位，十升为一斗，十斗为一石。

出处/示例：汉·刘安《淮南子·缪称训》："使尧度舜则可，使桀度尧，是犹以升量石也。"

玉尺量才

意思：用恰当的标准来衡量人才和诗文。玉尺：用玉制作的尺，旧时比喻选拔人才和评价诗文的标准。

出处/示例：唐·李白《上清宝鼎诗》："仙人持玉尺，度君多少才。玉尺不可尽，君才无时休。"

衡石量书

意思：古时文书用竹简木札，以衡石来计算文书的重量，因用以形容君主勤于国政。亦作"衡石程书"。

出处/示例：《史记·秦始皇本纪》："天下之事无小大皆决于上，上至以衡石量书，日夜有呈，不中呈不得休息。"

校短量长

意思：亦作"校短推长"。比喻过分计较无关紧要的小事。也指衡量人或物的长处和短处。

出处/示例：唐·冯宿《魏府狄梁公祠堂碑》："娄伊侈谋，将易储皇。公陈不可，较短推长。"

称薪量水

意思：比喻过分计算细微的事情。也比喻过日子精打细算。

出处/示例：清·文康《儿女英雄传》第三十三回："安老爷虽是研经铸史的通品，却是个称薪量水的外行。"

钟鸣鼎食　晨钟暮鼓

我国古代乐器主要由八种材料制作而成，为金、石、丝、竹、匏、土、革、木。而“八音之中，金石为先”，“金”为编钟，“石”为编磬，编钟与编磬成组演奏，共同构成“金石之乐”。编钟既是乐器也是礼器，兴起于西周，盛行于春秋战国直至秦汉时期，是等级和权力的象征。

编钟的出现得益于青铜器的产生与繁荣，它是一种组合式打击乐器，由大小不同的扁圆钟按照音阶高低的次序排列起来，悬挂在一个巨大的钟架上。因为每个钟的音调不同，用丁字形的木

洛庄汉墓出土青铜钮钟一套（14 件，不同的大小有不同的音阶）

洛庄汉墓出土青铜甬钟一套（5 件，不同的大小有不同的音阶）

锤和长条形的棒按照音谱敲打，能发出不同的乐音，从而演奏出美妙的乐曲。“堂下之乐，以钟为重”，每逢征战、宴享、朝聘、祭祀等重大仪典，都要演奏编钟，因而钟被誉为“国之重器”。有一个成语叫“钟鸣鼎食”，意思是用编钟奏着音乐列鼎而食，是当时统治阶层最奢华的等级制度排场的反映。

随着时代的发展，钟演化为一种计时的工具。古人将一昼夜分为十二时辰，每个时辰相当于现在的两个小时。用圭表或铜壶测得时辰，并击鼓报时，让民众知晓。但鼓声传播的范围有限，南朝齐武帝时，为使宫中听见报时声，便在景阳楼内悬一口大铜钟，白天敲钟，晚上击鼓，开以钟计时之先河。为使钟声传播更远，除铜钟越铸越大之外，还建较高的钟楼，与鼓楼相对，朝来撞钟，夜来击鼓，这便是“晨钟暮鼓”的由来。因晨钟暮鼓的声音一早一晚，具有警世的意味，故“晨钟暮鼓”也比喻可以使人警觉醒悟的话。后来，随着佛教、道教的兴起，寺院、宫观等宗教建筑内也建钟楼、鼓楼，但是不论早晚，都既敲钟又击鼓的；不同的

挂好的青铜编钟（上排为钮钟，下排为甬钟）

大明湖南岸钟楼台基

洛庄汉墓编钟和第一套编磬出土情况

是，早晨先敲钟后击鼓，晚上先击鼓后敲钟，形成一种独特的钟鼓文化。

《三国志·田豫传》记载："年过七十而以居位，譬犹钟鸣漏尽而夜行不休，是罪人也。"田豫是三国时渔阳郡人。七十岁时，朝廷升他为中郎将，领并州刺史。田豫多次请求退职，朝廷认为他身体很好，都不批准。田豫说："过了七十岁还占据着官位，就像滴漏（古代夜间计时器）已经漏尽，晨钟已经敲响，却还夜行不休，这是在犯罪啊。""钟鸣漏尽"比喻年老力衰，已到晚年，也指深夜。

与钟有关的成语，常用的还有老态龙钟、声如洪钟等。宋代的陆游，年老时病魔缠身。一天夜里下起大雨，他听着萧萧雨声，感慨自己的身世和遭遇，作《听雨》诗曰："老态龙钟疾未平，更堪俗事败幽情。纱幮笛簟差堪乐，且听萧萧暮雨声。""老态龙钟"形容年老体衰，行动不灵便。明代冯梦龙《东周列国志》

第七十二回："子胥目如闪电，声如洪钟。""声如洪钟"形容说话或歌唱的声音洪亮，如同敲击大钟似的。

1999—2002年，济南市考古研究所先后在洛庄汉墓发掘祭祀坑和陪葬坑36座，出土文物近3000件。其中最引人注目的是14号陪葬坑出土的乐器，共计140余件，包括19件编钟、6套石磬和錞于、木瑟、悬鼓、建鼓、小鼓、钲、铃等西汉王室乐器，被誉为"两千年前的地下音乐厅"。编钟工艺考究、保存完好，为国内考古发现的第一套西汉时期的编钟，也是音质最好的一套，深埋地下2000余年后仍可演奏出《阳关三叠》《茉莉花》等名曲。洛庄汉墓乐器坑的发现，在许多方面填补了汉代音乐史的空白，极大地丰富了我国古代乐器宝库，对研究汉代音乐史及礼乐制度具有重要价值。

成语释义

钟鼎之家

意思：富贵宦达之家。

出处/示例：清·曹雪芹《红楼梦》第二回："虽系钟鼎之家，却亦是书香之族。"

钟灵毓秀

意思：指美好的自然环境孕育优秀的人物。钟：汇聚，集中。毓：孕育，养育。

出处/示例：唐·柳宗元《邕州马退山茅亭记》："盖天钟秀于是，不限于遐裔也。"

钟鼎山林

意思：比喻富贵和隐逸。

出处/示例：宋·辛弃疾《临江仙·再用前韵送祐之弟归浮梁》："钟鼎山林都是梦，人间宠辱休惊。"

钟鼓馔玉

意思：鸣钟鼓，食珍馐。形容富贵豪华的生活。

出处/示例：唐·李白《将进酒》："钟鼓馔玉不足贵，但愿长醉不愿醒。"

钟鼓之乐

意思：指钟鼓一类的音乐。

出处/示例：汉·贾谊《陈政事疏》："劳智虑，苦身体，乏钟鼓之乐。"

二缶钟惑

意思：弄不清缶与钟的容量。比喻弄不清普通的是非道理。二：疑惑，不明确。缶、钟：指古代量器。

出处/示例：《庄子·天地》："以二缶钟惑，而所适不得矣。"

以莛撞钟

意思：钟的音量大，用草茎去敲，就不能使它发出应有的响声。后比喻学识浅薄的人与学识渊博的人较量，无以为对。莛：草茎。

出处/示例：《汉书·东方朔传》："语曰'以管窥天，以蠡测海，以莛撞钟'，岂能通其条贯，考其文理，发其音声哉！"

镇定自若　坐镇雅俗

喜爱挥毫泼墨的朋友们，想必对文房四宝非常熟悉。除了文房四宝，镇尺也是必不可少的文房用具。那古代的镇是什么样子的？它又是如何一步一步发展的呢？让我们一起来说说镇吧。

“镇”在《广雅·释诂》中的解释为“重也”。“镇”作为动词时，具有“压制”“安定”之意，而作为名词的“镇”，则多指用于压东西的重物。

魏晋以前，古人席地而坐，即坐在铺于地面的草席之上，席的四角容易卷起，遂用四个镇分别压住。王室贵胄之家备有低矮的床榻，上面也要铺席。有的床上置帷帐，帷帐四角也常用镇来压住。镇在春秋时就有实物遗存，战国时期便已流行，至西汉时达到鼎盛。西汉时，镇的制作也达到相当高的水平。镇多采用较重的材料制作而成，如铜、铁、玉、石等，其中又以铜镇最为常见。汉代铜镇体积不大，一套完整的镇共四枚。为了避免牵绊衣物，镇体的基本造型往往接近于半球形，主要有人形镇、动物形镇和博山形镇。动物造型以虎、豹、凤鸟、辟邪、羊、鹿、熊、龟、蛇、牛、骆驼较为常见。工艺上，则有鎏金、错金银、嵌贝等。两千多年前的汉代工匠将镇的实用性和装饰性做到了完美统一，也从侧面反映出汉代家居陈设品位的高雅。隋唐至五代十国时期，随着高足家具的普遍使用，席地而坐方式逐渐被取代，镇的功用也渐渐发生变化，成为文房中镇纸之用；其材质也更为丰富，出现象牙、陶瓷、竹、木等质地的镇。

魏家庄墓地出土汉代铜镇

我们常用的成语中有许多与镇有关。“镇定自若”的意思是在情况紧急时不慌不乱，当作没什么事情似的；也指不慌不忙，沉着镇静。“镇日镇夜”则指整日整夜，日日夜夜。

济南考古馆中陈列着魏家庄墓地出土的4件人形铜镇，极具特色。目前已知的国内出土铜镇中，人形镇非常少见，且多出现在较高规格墓葬中，全国总计不足十套，山东仅此一套，其珍贵程度可见一斑。

这4件人形铜镇均系浇铸而成，底面平整，置放稳实。4件铜镇为人形跪坐俑形象，大小相仿，皆身着宽袖长袍，头上绾髻裹巾。四人或前趋，或后仰，或伸臂扬手，或拄地塌肩，或眉开眼笑，或锁眉闭目，人物形体轮廓简练，面部表情生动诙谐，惟妙惟肖。有学者认为，这组铜镇表现的是四人博戏的情景，也有人说表现的是喜、怒、哀、乐四种感情。仔细观察人物面部表情，可见怒目圆睁、张口大笑、面露笑意、锁眉闭目几种神态，与喜、怒、哀、乐四种表情并不吻合，故这种说法似乎并不成立。也有学者认为，此人形铜镇是俳优俑，俗称说唱俑。他们滑稽戏谑，善于模仿和扮演各种人物，并利用鼓、鼗等道具进行说唱，语言诙谐风趣，随时供主人取乐。戏剧性的说唱表演场面是汉代铸造雕塑作品中难得的珍品。济南市考古研究院李铭院长则认为这组铜镇是儒家“非礼勿视，非礼勿听，非礼勿言，非礼勿动”的生动诠释，将人物谨慎善为的处世性格刻画得细致传神，是汉代统治者提倡的“罢黜百家，独尊儒术”治国思想的直观呈现。

虽然这组汉代人形铜镇的内涵众说纷纭，至今尚无定论，但其别具一格的设计风格为汉代较单调的室内布置增添了文艺气息，表达出乐趣天成、雅俗共赏的生活情趣，也从侧面反映出汉代贵族家居陈设品位的精致与高雅。

成语释义

岳镇渊渟

意思：如山岳屹立，如渊水停滞。形容军队稳定，不可动摇。也形容人坚定执着。

出处/示例：《文选·王融〈三月三日曲水诗序〉》：“尔乃回舆驻罕，岳镇渊渟。”李善注：“《孙子兵法》曰：‘其镇如山，其渟如渊。’”

坐镇雅俗

意思：安坐而可以威服风雅之士或流俗之人。

出处/示例：南朝梁·任昉《为萧扬州荐士表》：“暕坐镇雅俗，弘益已多。”

柔远镇迩

意思：安抚远方，安定内地。

出处/示例：晋·陆机《汉高祖功臣颂》：“移帝伊、洛，定都酆、镐。柔远镇迩，实敬攸考。”

矫情镇物

意思：比喻故作镇静，使人无法猜度。

出处/示例：《晋书·谢安传》：“既罢，还内，过户限，心喜甚，不觉屐齿之折，其矫情镇物如此。”

釜底抽薪　破釜沉舟

“釜底抽薪”“破釜沉舟”是大家耳熟能详的成语，但你知道“釜”指的是什么吗？有什么用途？接下来，我们就带大家了解一下“釜”这种器物。

釜是一种圆口、圆底、无足的容器，是古代的炊事用具，相当于现在的锅，可以直接用来煮、炖等。釜与鼎、鬲、甗等皆属于炊器，但是釜在使用时需悬挂起来，在底下烧火，因而大多数情况下，釜是放置在灶上使用的，这样可以与柴火直接接触，更加高效地利用火力，有效节省燃料和时间。

魏家庄墓地出土
汉代铁釜

魏家庄墓地出土汉代铁釜

仰韶文化时期，已出现与陶灶相配合的陶釜。随着生产力的发展，后来又出现铜釜。秦汉以来，陶砖制造进一步发展，推动了炉灶的普及，釜可以直接放在炉上烹煮食物。汉代冶铁业发达，铁釜开始出现。铁釜的耐火、导热性能更好，在日常使用中逐渐取代鼎、鬲成为主要炊器，十分盛行。三国魏曹植的七步诗："煮豆燃豆萁，豆在釜中泣"，便直接反映出魏晋时代釜的普遍使用程度。由于釜与人们的日常生活息息相关，从而衍生出很多与"釜"相关的成语。

成语"釜底抽薪"的意思是把柴火从锅底抽掉，才能使水止沸，比喻从根本上解决问题，也指暗中进行破坏。《三十六计》对釜底抽薪的定义是："不敌其力，而消其势，兑下乾上之象。"意思是，当你处于劣势，硬碰不过别人的时候，就不要鸡蛋碰石头，而是想办法去削弱他的气势，达到以柔克刚的目的。古今战争中，

魏家庄墓地出土汉代铁釜

粮草是军队生存的前提和根本。因此，在出兵之前，一定要准备好粮食和饲料，这就是人们常说的“兵马未动，粮草先行”。官渡之战中，如正面交锋，曹操可能永远也无法击败袁绍，但曹操审时度势，烧了袁军的粮，断了袁军之根本，因而大败袁军。这是极为高明的釜底抽薪。

《史记·项羽本纪》记载，项羽带领楚军与秦兵作战，楚军全部渡过漳河后，项羽让士兵们饱饱地吃了一顿饭，每人再带三天干粮，然后命令：把渡河的舟凿穿沉入河里，把做饭用的釜打破，并放火把附近的房屋统统烧毁。项羽用这种方式来表明他有进无退、夺取胜利的决心。此后，“破釜沉舟”成为表达下定决心彻底干一场、不达目的决不罢休的成语。

东汉顺帝时，张婴聚众杀了残暴的广陵太守，举起义旗，转

魏家庄墓地出土汉代铁釜

战于扬州、徐州一带，朝廷对他无可奈何。大将军梁冀任命张纲为广陵太守。张纲改用抚慰的手段，张婴主动带领义军投降，并说：我是不堪忍受前太守的暴虐压榨，才迫不得已起兵造反的，这样做犹如鱼游釜中，不能长久。因此，成语“鱼游釜中”指鱼在锅里游，比喻空间狭小、处境危险。

与釜有关的成语还有黄钟毁弃，瓦釜雷鸣。《楚辞·卜居》：“黄钟毁弃，瓦釜雷鸣；谗人高张，贤士无名。”“黄钟”是古代贵重乐器，“瓦釜”是一种陶制的釜。“黄钟毁弃，瓦釜雷鸣”意思是黄钟被砸烂并被抛置一边，而把泥制的锅敲得很响。比喻有才德的人被弃置不用，而无才德的人反居高位，喧嚣一时，表

魏家庄墓地出土汉代铜釜

示价值颠倒，是非混淆。

济南考古馆中陈列的汉铁釜和汉铜釜出土于魏家庄墓地汉代墓中。魏家庄墓地共出土汉代铁器文物 36 件，包括铁鼎 11 件、铁釜 4 件、铁鐎斗 1 件、铁炉 1 件；另有铁剑、铁削数件。出土时锈蚀严重，经与中国社会科学院考古研究所的联合修复，最大限度地恢复了它们的本来面貌，该项目还荣获了首届考古学大会文物保护“金尊奖”。在修复的器物中，有 4 件铁釜，表明当时铁釜使用之广泛。同时出土的圆筒形铁炉，一侧有突出长方形进火口，对侧有伸出朝下的弯脖，可将烟导出，避免熏人。铁炉上架铁釜，搭配使用，非常方便，可谓2000多年前的DIY火锅呀！

成语释义

釜中生鱼

意思：锅釜因长期不用生出鱼来。比喻生活困难，断炊已久。

出处/示例：唐·韩翃《寄雍丘窦明府》："机尽独亲沙上鸟，家贫唯向釜中鱼。"金·元好问《寄西溪相禅师》："门堪罗雀仍未害，釜欲生鱼当奈何！"

釜鱼幕燕

意思：生活在锅里的鱼、筑巢在帷幕上的燕。比喻处境极不安全。

出处/示例：南朝梁·丘迟《与陈伯之书》："今将军鱼游于沸鼎之中，燕巢于飞幕之上，不亦惑乎？"

鱼游沸釜，燕处危巢

意思：鱼在烧沸的釜中游，燕子处在即将倾覆的巢中。比喻处境危险，即将灭亡。

出处/示例：清·南荃外史《叹老》："傀儡儿一场热闹，依旧的鱼游沸釜，燕处危巢。"

釜鱼甑尘

意思：釜中生鱼，甑中生尘。比喻生活清贫。

出处/示例：清·黄宗羲《子刘子行状》："　旦以辎重被讦于监司，夫以巡方而黩货，又何问下吏之操守，釜鱼甑尘之风，空谷于天下矣。”

戛釜撞瓮

意思：刮磨锅子，碰撞陶器。比喻粗俗之音。

出处 / 示例：宋·严羽《沧浪诗话·诗评》：“读《骚》之久，方识真味；须歌之抑扬，涕洟满襟，然后为识《离骚》，否则为戛釜撞瓮耳。”

瓦釜之鸣

意思：瓦釜均指古代简单的乐器，比喻庸才。庸才显赫，比喻无德无才的人占据高位，威风一时。

出处 / 示例：唐·柳宗元《代人进瓷器状》：“且无瓦釜之鸣，是称土铏之德。”

瓦釜雷鸣

意思：高妙的乐器被废弃了，瓦盆却敲得雷一般响。指坏人猖狂一时，好人却默默无闻。后比喻无才的人占据高位，威风一时。

出处 / 示例：《楚辞·卜居》：“黄钟毁弃，瓦釜雷鸣。谗人高张，贤士无名。”

箪食壶浆 冰壶玉尺

有这样一类器物，不仅在博物馆里出现的频率非常高，在日常生活中也极为常见，亲切感十足，它就是我们天天用到的——壶。

刘家庄遗址出土商代铜壶

壶是一种用来盛装液体的大腹容器，在古代主要用于盛酒和水。“壶”字本身为象形字。其甲骨文字形与酒壶之形非常相似，上为盖，下为底座，中为腹，有的带耳。陶制的壶在新石器时代就已大量出现。壶使用的历史悠久，式样繁多，大致有圆形、方形、扁圆形、八角形、弧形等。从材质来看，有陶、瓷、铜、金、银及玉质等。就用途而言，则有实用器和观赏器之分。

《诗经·大雅·韩奕》载：“显父饯之，清酒百壶。”《韩非子·外储说右上》说：“壶酒不清，生肉不布。”酒壶是装酒的容器，由于酒壶容量较大，故不能直接对嘴饮，一般要用勺舀或倾壶倒入杯、爵等饮酒器中。除此之外，壶也常作储食器，盛

中银大厦出土
战国铜提梁壶

腊山汉墓出土
陶壶

魏家庄墓地出土汉代铜提梁壶

魏家庄墓地出土汉代铜壶

水泡饭，或行食外出时携带。铜壶既是酒器也是盛水器，可用于烧水，汉代还作为量器使用。汉晋时瓷质壶开始流行。除盛酒盛水之外，随着饮茶之风的盛行，唐代出现了专门烧茶用的茶壶。

我们生活中有许多与“壶”相关的神话传说或成语典故。你知道吗，葫芦在古代被称作“壶”，俗称葫芦瓜。《诗经·豳风·七月》中的“八月断壶”，指的就是盛药的葫芦，即“药葫芦”。葫芦与中医渊源颇深，但凡涉及治病救人的古今神话故事，几乎都离不开葫芦。传说中“八仙”之一的铁拐李就背着包治百病的宝葫芦。相传太上老君的长生不老仙丹也是装在他的法宝紫金葫芦里。

“悬壶济世”是颂誉医者救人于病痛的一个词语，其典故出自《后汉书·方术列传·费长房》。传说费长房是河南汝南（今河南省平舆县射桥镇古城村）人，有一天他看到一位竹杖上挂葫芦的老人（即壶翁）在市集中卖药。当天黑散街之后，壶翁就跳入葫芦中。当时只有费长房一人看到，他觉得很奇怪。为了弄清楚壶翁的来历，费长房便以酒款待，壶翁知道其来意后，便请他

平阴西山墓地出土
汉代彩绘陶壶

闵子骞墓苑东汉墓
出土彩绘陶壶

按察司街遗址出土
唐代白釉瓷执壶

章丘合庄墓地出土
唐代青釉瓷执壶

恒隆广场出土唐代
酱釉瓷执壶

恒隆广场出土宋代白釉绿彩瓷执壶

隔日再来。当他再来时，壶翁邀他一起进入葫芦中一探究竟，只见大厅布置得整齐华美，佳肴满桌，更让人称奇的是，酒肴吃光了就会自动填满。他意识到这壶翁定非凡人，便立刻拜他为师，学习医术与修仙之道。几年后，费长房艺满，也开始悬壶济世行医救人。此后，“悬壶济世”成为“医生”的代名词。

成语“唾壶击缺”形容心情忧愤或感情激昂，出自《世说新语笺疏》。晋朝时期，大将军王敦为人豪爽有勇气，性格放旷不拘束，对时局十分关切，常忧国忧民，当时人们认为他是高尚之士。每逢酒后，就吟咏曹操《龟虽寿》中的诗句：“老骥伏枥，志在千里；烈士暮年，壮心不已。”意气激昂，边吟诗边拿如意敲着唾壶打拍子，壶口全给他敲破了。

成语“箪食壶浆”意思是百姓用箪盛饭、用壶盛汤来欢迎他们爱戴的军队，形容军队受到群众热烈拥护和欢迎的情况，出自《孟子·梁惠王下》。

济南考古馆中也展示有许多不同时期的壶，如泰安宁阳出土的大汶口文化晚期的陶壶、刘家庄遗址出土的商代铜壶、泺源大街中银大厦战国墓中出土的战国铜提梁壶、平阴西山墓地出土的汉代彩绘陶壶以及魏家庄遗址出土的汉铜壶等。这些壶材质各异，造型也有所不同，极具时代特色和文化特色。

成语释义

壶中日月

意思：旧指道家悠闲清静的无为生活。

出处/示例：唐·李白《下途归石门旧居》诗：“何当脱屣谢时去，壶中别有日月天。”

壶里乾坤

意思：指道家的神仙生活。同“壶中日月”。

出处/示例：《吕洞宾三醉岳阳楼》第四折：“罗浮道士谁同流，草衣木食轻王侯。世间甲子管不得，壶里乾坤只自由。”

壶中天地

意思：指道家的生活。

出处/示例：元·刘秉忠《永遇乐》词：“壶中天地，目前今古，今日还明日。”

壶浆塞道

意思：盛着酒浆的壶挤满道路。形容群众欢迎自己所拥护的军队的场面。

出处/示例：《周书·于翼传》："襄城民庶等喜复见翼，并壶浆塞道。"

扣壶长吟

意思：借指抒发壮怀或不平之气。

出处/示例：清·唐孙华《题薪禅弟〈击壶图〉》诗："扣壶长吟心未厌，惜哉狂竖徒骄盈。"

冰壶秋月

意思：心如冰清玉壶，和明月一样皎洁。

出处/示例：宋·苏轼《赠潘谷》诗："布衫漆黑手如龟，未害冰壶贮秋月。"

金壶墨汁

意思：指极其珍贵罕见的书画用品。

出处/示例：晋·王嘉《拾遗记》："浮提之国，献神通善书二人，乍老乍少，隐形则出影，闻声则藏形，出肘间金壶四寸，上有五龙之检，封以青泥。壶中有黑汁如淳漆，洒地及石，皆成篆隶科斗之字。"

一壶千金

意思：比喻东西虽然轻微，用得到的时候便十分珍贵。壶：通"瓠"，瓠瓜，中空，能浮在水面。

出处/示例：《鹖冠子·学问》："中河失船，一壶千金。贵贱无常，时使物然。"

投壶电笑

意思：闪电不雨之典。

出处／示例：《神异经·东荒经》："东荒山中有大石室，东王公居焉……恒与一玉女投壶，每投千二百矫，设有入不出者……矫出而脱误不接者，天为之笑。"张华注："言笑者，天日流火照灼，今天不下雨而有电光是天笑也。"

冰壶玉衡

意思：比喻人品高尚纯洁。冰壶：冰心玉壶。玉衡：用玉石装饰的衡器。

出处／示例：唐·杜甫《寄裴施州》诗："金钟大镛在东序，冰壶玉衡悬清秋。"

冰壶玉尺

意思：比喻人品高尚纯洁。

出处／示例：《元史·黄溍列传》："君子称其清风高节，如冰壶玉尺，纤尘弗污。"

铜壶漏断

意思：用铜壶盛水滴漏来计时。指一天时间已经过去，夜已深。铜壶：古代计时的漏器。

出处／示例：唐·温庭筠《鸡鸣埭歌》："铜壶漏断梦初觉，宝马尘高人未知。"

箪食壶酒

意思：一箪食，一壶酒。指少量饮食。

出处／示例：明·李东阳《中书舍人徐君寿六十序》："今以箪食壶酒与人则终身不忘，惟天德帝力广大莫测，故有终身囿之而不知者。"

枉矢哨壶

意思：弯的箭，歪的壶。比喻不精致的器物，为主人自谦之辞。

出处／示例：《礼记·投壶》："主人请曰：'某有枉矢哨壶，请以乐宾。'"

以锥餐壶

意思：用锥子到壶里取东西吃。比喻达不到目的。

出处／示例：《荀子·劝学》："不道礼宪，以《诗》《书》为之，譬之犹以指测河也，以戈舂黍也，以锥餐壶也，不可以得之矣。"

挈榼提壶

意思：拿着酒杯，提着酒壶。形容嗜好饮酒。

出处／示例：晋·刘伶《酒德颂》："止则操卮执觚，动而挈榼提壶，唯酒是务，焉知其余。"

炉火纯青　另起炉灶

说起炉子，大家一定不会陌生。炉是古代焚香烧炭之器，有熏炉、香炉、手脚炉等，造型各异，多用做燃香、佛前供器和生活用具。此外，炉还是一种历史悠久的家用炊事设备，做饭、取暖二者兼备，与百姓生活息息相关。

奥体中路汉墓出土东汉绿釉陶熏炉

经过时间的演变，炉逐渐分为两大类，一类是传统的火炉、锅炉，另一类就是熏炉，我们着重介绍一下后者。熏炉是古代常用的一种焚香器具，亦称香炉。《说文解字》说：“熏，火烟上出也。”在室内熏香的习俗，最迟在战国时已经出现。所燃之物名为熏草，平民所用熏草，主要为“蕙”，古人常用之，并留下了“香风难久居，空令蕙草残”的诗咏。汉代熏香之风由南向北传播，一是使室有芝兰香，二是可以辅之中药，安神醒脑。两汉熏炉传世精品丰富，平民多用陶制，铜熏炉多见于皇室、诸侯以及其他地位较高的上层贵族墓中。

魏家庄墓地出土西汉
立鹤踏龟铜博山炉

两汉时期博山炉的出现，是熏香文化日趋繁荣的体现。之所以称之为博山，是因其外形仿照海上仙山“博山”而制。其基本形制多是在一圆盘中央竖立承接炉身的直柄，炉身呈半圆形，上有盖，炉盖作圆锥状，以镂空的手法雕刻出山峦、人物、鸟兽、草木、云气之状。博山炉盖虽争奇斗艳，但都镂有气孔，香气正是从镂孔之中升腾散发。汉代刘向《熏炉铭》：“嘉此正器，崭岩若山。上贯太华，承以铜盘。中有兰绮，朱火青烟。”描绘的正是铜博山炉使用之时，香料置于炉内烧灼，轻烟透过盖上镂孔徐徐溢出、袅袅上升，如云雾缭绕，有入仙境之感。除了博山式香炉，之后的三足炉、五足炉、带耳式香炉、鼎式炉以及宣德炉也屡见不鲜。

提起“炉”字，就不得不说与道家修炼仙丹密不可分的“炉火纯青”这个成语。古代

魏家庄墓地出土汉代
铜博山炉

炼丹炉的炉型与熏炉大体一致，以前道士炼丹的时候，认为炉火发出纯青色火焰时就成功了。因此，“炉火纯青”多用来比喻技艺或功夫达到了纯熟完美的地步。大家熟悉的成语“另起炉灶”有两层意思，一是放弃原来的，重新开始；二是另立门户或另搞一套。“重起炉灶”指的是事情遭受挫折后，重新开始。“熔于一炉”是指熔化在同一个炉内，后比喻多种事物相互间结合紧密，浑然一体，难分难解。东汉王充的《论衡·逢遇》有载：“作无益之能，纳无补之说，以夏进炉，以冬奏扇，为所不欲得之事，献所不欲闻之语，其不遇祸，幸矣，何福佑之有乎？”“冬扇夏炉”字面意思是冬天的扇子，夏天的火炉，后来比喻不合时宜，也比喻毫无用处的东西。

济南考古馆里共展示了两件青铜博山炉，其中一件立鹤踏龟形制的博山炉，匠心独运，精妙绝伦，为精品中的精品。炉盖和炉身整体呈圆锥形，炉柄为一昂首、展翅欲飞的站立仙鹤，炉座为一昂首、匍匐的乌龟。我们仔细体味一下它的三个部分博山、仙鹤和神龟：博山为仙山之意，仙鹤自古是寓意长寿的神鸟，神龟同样是长寿的象征。魏家庄的这件立鹤踏龟博山炉代表着墓主人的身份和地位，同时也是目前已知的第6件此类型的博山炉，在山东为首次发现，对于研究魏家庄汉代墓地的性质及汉代济南与中原、关中地区的关系均有重要价值。

除了魏家庄墓地出土的博山炉，济南考古馆还展出了许多造型精美的熏炉。如刘家庄遗址和章丘女郎山墓地出土的唐三彩三足炉、旧军门巷遗址出土的宋代陶香炉、按察司街遗址出土的宋代青白釉瓷炉、闵子骞墓苑东汉墓出土的东汉陶熏炉、奥体中路

闵子骞墓苑东汉墓出土陶熏炉

汉画像石墓出土的东汉绿釉陶熏炉、七家村宋代墓群出土的宋代白釉瓷熏炉以及化纤厂路元代墓出土的蓝釉香炉等。熏炉在墓葬中经常出土，是熏香文化日趋繁荣的结果，也体现了熏炉在古代日常生活中司空见惯，并对后世产生了深远影响。

七家村宋墓群出土白釉瓷熏炉

除了熏炉，济南魏家庄墓地还出土了一件珍贵的汉代铁炉。这只铁炉的炉身近似圆形，上宽下窄，高24厘米，总长50厘米。铁炉的一侧是长方形的火门，另一侧则有一个向下弯曲的烟道。这是全国第一次发现汉代铁质炉子，而且在烟囱部位有两个拐弯，说明在汉代时济南人就懂得使用烟囱了。特别的是，铁炉的拐弯是向下的，可能是当时室内餐桌旁使用的灶具。在房间的

魏家庄墓地出土汉铁炉

旧军门巷遗址出土
宋代陶香炉

卫巷遗址出土金代
三彩瓷炉

地面之下，应该有与铁炉配合的烟道，将烟直接排入地下。铁炉的出土对于考察铁器和冶铁业的发展进程是不可或缺的，而且对探讨铁器在社会生活中的应用及其社会和文化意义都非常重要。

郎茂山元代家族墓
出土青白釉瓷香炉

县西巷遗址出土
明代瓷熏炉

成语释义

官法如炉

意思：指国家如炉火无情。

出处/示例：元·关汉卿《蝴蝶梦》第二折：“这个便是铁呵，怎当那官法如炉。”

洪炉点雪

意思：大火炉里放进一点雪，马上就会融化。比喻对问题领会极快。

出处/示例：宋·王质《雪山集·大慧禅师正法眼藏序》：“余夜宿金山之方丈，不得寤，信手而抽几案文书，得此阅之，至洪炉点雪，恍然非平时之境。”

洪炉燎发

意思：大火炉里烧毛发。比喻事情极易解决。

出处/示例：《史记·刺客列传》：“夫以鸿毛燎于炉炭之上，必无事矣。”

踞炉炭上

意思：蹲在炉子的炭火之上。形容处境险恶，不堪忍受。

出处/示例：《晋书·宣帝纪》：“军还，权遣使乞降，上表称臣，陈说天命。魏武帝曰：‘此儿欲踞吾著炉炭上邪！’”

张灯结彩　萤灯雪屋

说起灯，大家是再熟悉不过了。电灯、彩灯、LED 灯、冷光灯、探照灯、太阳能路灯等，都是我们日常生活中常用的照明用具。下面要讲的是古代的灯。别看它平淡无奇，它的演变史可是非常悠久呢。

奥体中路汉墓出土东汉绿釉陶连枝灯

灯最早的发明和使用可以追溯到 7 万年前。那时没有铜和金属，古人便利用中空的石头和贝壳作为灯来使用。晋代郭璞注《尔雅·释器》“瓦豆谓之登”云：“即膏登也。”在郭璞看来，人们最早是借用盛大羹的瓦豆（镫）等一些食器来点火照明的。在浅盘的中央制作一个用来插灯芯的尖锥

药山汉墓出土东汉绿釉陶连枝灯

形支钉，完成了从豆到灯的演变，而陶灯具则成为人们生活中不可或缺的照明用具。战国时期出现铜灯具，一般情况下只有贵族阶层才能使用。秦汉时期，铜灯具继续流行，且铸造极其华丽。西汉时还出现了方便悬挂的吊灯。魏晋南北朝时期，动物灯具、人物灯具开始大量流行，造型方面也深受佛教的影响。这时的灯具不仅用于照明，也成为婚庆、祭祀等必不可少的用品。灯的制作工艺和装饰艺术在隋唐时期呈现前所未有的成就。宋元时期开始区分实用灯和随葬灯，用于生活的灯具较隋唐形制多样，釉色丰富多彩。明清时期中国灯具发展最为辉煌，突出的表现了是灯具和烛台的质地与种类更加琳琅多姿，出现了玻璃和珐琅等材料的灯具。

历史上，灯的种类繁多，材质多样，最亮眼的要数连枝灯。连枝灯又称树形灯，以铜制、陶制最常见。它的造型特点是在灯具的主干上有规律地分层伸出多个灯盏，数目从三个到近三十个不等，灯柱顶端通常置一灯盘或顶饰，下有灯座。有几根灯枝或几盏灯盘就可称为几枝灯。连枝灯的整个造型，如同枝叶繁茂的大树，点亮时灯火通明，如满树繁星，华美异常。连枝灯最早出现在战国时期，盛行于汉代。两汉时期，无数人对长生不老、神仙方术有着美好的遐想，连枝灯酷似树枝的造型则象征着神话传说中太阳栖息的扶桑树，是人们登仙思想的直观体现。

许多生活中常用的成语和俗语也与“灯”有关。“张灯结彩”用来形容场面喜庆、热闹。“灯红酒绿”形容寻欢作乐的腐化生活，也形容都市或娱乐场所夜晚的繁华景象。“万家灯火”是指天黑上灯时节，也用来形容城市夜晚的景象。宋代叶适《石洞书院记》云：“游之兴废，家之盛衰占焉；学之兴废，人之盛衰占焉。学

奥体中路汉墓出土
东汉绿釉陶灯

闵子骞墓苑东汉墓
出土陶灯

不待地也，萤灯雪屋，苟取尺寸，而圣贤之业可成矣。”“萤灯雪屋”后指勤学苦读。“只许州官放火，不许百姓点灯”也是我们常用的一个俗语，出自南宋陆游的《老学庵笔记》。据说北宋时，有个州的太守名田登，为人专制蛮横，因他的名字里有个“登”字，所以不许州内的百姓在谈话时说到任何一个与“登”字同音的字，与“登”字同音的，都要用其他字来代替。谁要是触犯了他这个忌讳，便被扣上“侮辱地方长官”的罪名，轻则挨板子，重则判刑。一年一度的元宵佳节即将到来，依照惯例，州城里都要放三天焰火、点三天花灯表示庆祝。州府衙门要提前贴出告示，让老百姓到时前来观灯。这可让出告示的官员左右为难了。左思右想良久，将“灯”字改成“火”字，写成了“本州照例放火三日”。当地的老百姓，平时对田登的独断跋扈已是非常不满，看

和平路 47 号建筑工地出土清代青釉瓷灯

和平路 47 号建筑工地
出土清代青釉瓷灯

了官府贴出的告示更是气愤万分，忿忿地说：“只许州官放火，不许百姓点灯，这是什么世道！”后来形容统治者自己可以胡作非为，老百姓却连正当活动也要受到限制。

济南市考古研究院在 20 余年的发掘工作中，获取了不同时期的陶、瓷灯。如济南闵子骞墓苑东汉墓、奥体中路汉墓、药山汉墓出土的东汉陶（连枝）灯，其中奥体中路汉墓出土的东汉绿釉陶连枝灯正在济南考古馆中陈列展示。另外，济南青龙山汉墓、章丘普集东汉墓、药山东汉墓、长清大觉寺汉墓等都曾出土过连枝灯。济南和平路 47 号建筑工地墓葬出土了清代青釉瓷灯。这些灯具，为我们感受先人智慧、了解古人的日常生活打开了一扇别样的窗。

成语释义

灯烛辉煌

意思：形容灯光烛火通明，光辉耀眼。

出处/示例：明·罗贯中《三国演义》第四十七回："军士引阚泽至，只见帐上灯烛辉煌，曹操凭几危坐。"

张灯结彩

意思：挂上灯笼，系上彩绸。形容节日或有喜庆事情的景象。

出处/示例：明·罗贯中《三国演义》第六十九回："告谕城内居民，尽张灯结彩，庆赏佳节。"

水晶灯笼

意思：比喻遇事能明察是非的人。

出处/示例：《宋史·刘随传》："随临事明锐敢行，在蜀人号为'水晶灯笼'。"

万家灯火

意思：家家点上了灯，指天黑上灯时节，也用来形容城市夜晚的景象。

出处/示例：清·曾朴《孽海花》第八回："万家灯火吹箫路，五夜星辰赌酒天。"

暗室逢灯

意思：比喻在危难或困惑中，忽然遇人援救或指点引导。

出处/示例：清·夏敬渠《野叟曝言》十回："天幸遇著相公，如暗室逢灯，绝渡逢舟，从此读书作文，俱可望有门径矣！"

黄卷青灯

意思：灯光映照着书籍。形容深夜苦读，或修行学佛的孤寂生活。

出处/示例：宋·陆游《剑南诗篇·客愁》："苍颜白发入衰境，黄卷青灯空苦心。"

匣剑帷灯

意思：匣里的宝剑，帐里的明灯，剑气灯光，若隐若现。比喻事情无法掩藏，或故意露出消息引人注意。

出处/示例：晋葛洪《西京杂记》卷一："高帝斩白蛇剑，剑上有七采珠、九华玉以为饰，杂厕五色琉璃为剑匣。剑在室中，光景犹照于外，与挺剑不殊。"

请君入瓮　瓮中捉鳖

瓮，多为陶质，是一种盛水或酒等的容器，如水瓮、酒瓮、菜瓮。早在新石器时代，瓮就已经出现。由于瓮的实用性较强，是古代百姓生活里常见的器皿，故延续时间很长。除先秦瓮比较少见外，其他时期的瓮存世量都很大。

瓮的形状比较特殊，口小腹大，动物放在其中不会轻易逃出，

甄家西遗址出土
商代陶瓮

因而古人用瓮来养蛇。瓮还有一项奇特功能——窃听。使用的时候，将瓮埋于地下，在瓮口蒙上一层薄皮革，远处的敌兵临近时，大地震动，空腔的瓮收集到声波后便会嗡嗡作响传递信号，耳朵稍微贴近就能听到，以此来判断敌情。为了提高听瓮的专业性，军队中还会专门培训一些听力极强的人才，以便掌握最准确的情报。瓮应该算是我国最早的窃听器了吧。

有一个耳熟能详的成语——“瓮中捉鳖”，本义“从大坛子里捉王八”，引申为很有把握，要捕捉的坏人已在掌握之中。该成语出自元代康进之的《李逵负荆》第四折：“管教他瓮中捉鳖，手到拿来。”由“瓮中捉鳖”又引申出另一个命名城池附加建筑的“瓮城”。《武经总要前集·守城》中记载：“其城外瓮城，

腊山东路汉墓出土
灰陶瓮

或圆或方。视地形为之，高厚与城等，惟偏开一门，左右各随其便。”瓮城是建在城门外的小城，目的是增强城池的防御能力，在我国现存古城墙的古城中还能看到。有了“瓮城”，即便敌军攻破瓮城城门，还有主城门防御。瓮城狭窄，不利于大规模兵力展开进攻，城墙顶部的守军则居高临下四面射击，可不是瓮中捉鳖吗。

《资治通鉴·唐纪·则天皇后天授二年》记载了一个“请君入瓮”的故事。有人告发周兴谋反，武则天命令来俊臣审问周兴。来俊臣心想，周兴是个狡猾奸诈之徒，仅凭一封告密信是无法让他说实话的。苦苦思索半天，终于想出一条妙计。他准备了一桌丰盛的酒席，把周兴请到自己家里。两个人边喝边聊，酒过三巡，来俊臣叹口气说：“我平日办案，常遇到一些犯人死不认罪，不

奥体中路汉墓出土
东汉白陶瓮

知老兄有何办法？”周兴得意地说：“这个好办，你找一个大瓮，四周用炭火烤热，再让犯人进到瓮里，什么事他会不承认呢？”来俊臣连连点头称是，随即命人抬来一口大瓮，按周兴说的那样，在四周点上炭火，然后回头对周兴说：“宫里有人密告你谋反，上边命我严查。对不起，现在就请老兄自己钻进瓮里吧。”周兴吓得连忙叩头认罪。“请君入瓮”比喻拿某人整治别人的法子来整治他自己，以其人之法，还治其人之身。

另外，“三百瓮齑”指长期以咸菜度日，形容生活清贫。“戛釜撞瓮”指刮磨锅子、碰撞陶器，比喻粗俗之音。“抱瓮灌园”比喻安于拙陋的淳朴生活。这些成语也从一个侧面体现出瓮在人们的日常生活中处处可见。

济南考古馆里共展示了三个陶瓮，分别是历城甄家西遗址出土的商陶瓮、腊山汉墓出土的西汉陶瓮以及奥体中路汉墓出土的东汉白陶瓮。其中，奥体中路汉墓出土的白陶瓮直口，束颈，鼓腹，圆弧形底，器形较大，陶质坚硬，保存完整，是济南市首次出土。这些陶瓮直观反映了不同时期济南地区普通百姓的日常生活状态，散发着浓厚的生活气息。

成语释义

瓮天之见

意思：坐在瓮中观天，见天不大。比喻短浅的见识。

出处/示例：宋·黄庭坚《再次韵奉答子由》诗：“似逢海若谈秋水，始觉醯鸡守瓮天。”

瓮牖绳枢

意思：破瓮做窗，绳做门轴。比喻贫穷人家。

出处/示例：汉·贾谊《过秦论》："然而陈涉，瓮牖绳枢之子，氓隶之人，而迁徙之徒也。"

蓬户瓮牖

意思：用蓬草编门，用破瓮做窗。指贫苦的人家。

出处/示例：《礼记·儒行》："筚门圭窬，蓬户瓮牖。"

桑枢瓮牖

意思：用桑树做门轴，用瓦罐做窗户。比喻贫苦之家。

出处/示例：《庄子·让王》："蓬户不完，桑以为枢而瓮牖。"

抱瓮出灌

意思：抱着水瓮去灌溉。比喻费力多而收效少。

出处/示例：《庄子·天地》："凿隧而入井，抱瓮而出灌。"

漏瓮沃焦釜

意思：用漏瓮里的余水倒在烧焦的锅里。比喻情势危急，亟待挽救。

出处/示例：《史记·田敬仲完世家》："且救赵之务，宜若奉漏瓮沃焦釜也。"

曲水流觞　杯弓蛇影

杯子，相信大家都不陌生，是我们日常生活中再平常不过的用具之一。“杯”字起源于“抔”，双手合捧之意。从古至今其主要功能都是用来喝水、饮酒或茶，一般容积不大。基本器型是直口或敞口，口沿直径与杯高近乎相等，有平底、圈足或高足之分。

闵子骞墓苑东汉墓出土彩绘陶耳杯

贝壳、葫芦、动物的犄角等是先民们使用的最原始的“杯子”。考古资料表明，最早的杯子始见于新石器时代，在仰韶文化、龙山文化和河姆渡文化遗址中都有陶制杯的存在。这一时期杯型最为奇特多样，带耳的有单耳或双耳杯，带足的多为锥形杯、三足杯、觚形杯、高柄杯等。商代尚酒，饮酒成为宴饮、祭祀中不可缺少的礼仪，当时的人们制造了大量造型各异、种类繁多的饮酒器具，按等级分为爵、觯、觚、角、杯。

药山汉墓出土东汉绿釉陶耳杯

按察司街遗址出土
元代青釉高足杯

长清崮云湖宋墓出土铜杯

战国时期，羽觞杯开始出现。杯两侧有半月形杯耳，看上去像鸟的双翼，故名羽觞，简称觞，俗名耳杯。春暖花开的三月第一个巳日称为“上巳节”，经历了一个寒冬，人们都去水边洗濯，洁身除垢，祓除不祥。后来，此风俗又增加了临水宴饮的内容，大家坐在弯曲的溪水两旁，在上游放置盛酒的耳杯，任其顺流而下，停在谁的面前谁就端起来一饮而尽，故称为“曲水流觞”。东晋永和九年（353 年）三月初三，大书法家王羲之与名士谢安、孙绰等四十余人宴集于浙江山阴（今绍兴）兰亭，作流觞曲水之戏，所谓“又有清流激湍，映带左右，引以为流觞曲水。列坐其次，虽无丝竹管弦之盛，一觞一咏，亦足以畅叙幽情”。这些吟咏之作被编成《兰亭集》，由王羲之挥毫作《兰亭集序》，成为我国书法艺术史上的瑰宝。

汉唐时，瓷杯开始出现，多为圆形。茶始于汉、盛于唐，人们饮茶多用瓷杯，从此茶与瓷结下了不解之缘。有把手的马克杯是晚清才传入我国的，在那之前，不管是喝酒的酒杯，还是喝茶的盏，都是没有“把”的。这与古人“礼”与“雅”的思想有关。双手执杯，一手握持，一手托底，与人敬茶敬酒，一来表示庄重和尊敬，此为“礼”，二来也显得姿态端重，气韵十足，此为“雅”。宋代称茶杯为盏，多是阔口、狭足，直壁，倒着看像一个草帽，故名斗笠盏，或者笠式盏。还有一种漏斗形的茶盏，比斗笠盏高一些。这时的杯种类相对单调，至明代各种形制的杯才真正兴盛起来。时至今日，杯子的材质、样式、功能更加丰富，可以满足人们不同的需要。

我们生活中许多常用的成语也与杯有关。“杯水车薪”是指用一杯水去救一车

卫巷遗址出土明代青花瓷杯

章丘女郎山古墓群出土
明代青釉高足瓷杯

卫巷遗址出土清代
青花鱼纹瓷杯

章丘女郎山古墓群出土清代
同沿矾红描金花鸟纹瓷杯

趵北6号城墙遗址
出土清代白釉瓷杯

趵北 6 号城墙遗址
出土清代青花瓷杯

着了火的柴草，比喻力量太小，解决不了问题。“杯弓蛇影”是指将映在酒杯里的弓影误认为蛇，后比喻因疑神疑鬼而引起恐惧。这个故事见于东汉学者应劭的《风俗通义·怪神》，《晋书·乐广传》也有类似的记载。

济南市考古研究院在 20 多年的考古发掘中，发现了不同时期的杯子，这些杯子外形各异，材质则涵盖陶、瓷、铜等。汉代以前多为陶质耳杯，汉代以后多为瓷杯，也有少量铜杯，具有代表性的杯子均在济南考古馆中陈列展示，这些陈列如同将古人的日常生活画卷展示在观众面前。

成语释义

杯觥交错

意思：比喻相聚饮酒时的欢乐。

出处/示例：宋·欧阳修《醉翁亭记》："射者中，弈者胜，觥筹交错，起坐而喧哗者，众宾欢也。"

杯酒释兵权

意思：在酒宴上解除将领的兵权。

出处/示例：《宋史·石守信传》：乾德初，帝因晚朝与守信等饮酒，酒酣，帝曰："我非尔曹不及此，然吾为天子，殊不若为节度使之乐，吾终夕未尝安枕而卧。"守信等顿首曰："今天命已定，谁复敢有异心，陛下何为出此言耶？"帝曰："人孰不欲富贵？一旦有以黄袍加汝之身，虽欲不为，其可得乎？"守信等谢曰："臣愚不及此，惟陛下哀矜之。"帝曰："人生驹过隙尔，不如多积金、市田宅以遗子孙，歌儿舞女以终天年。君臣之间无所猜嫌，不亦善乎。"守信谢曰："陛下念及此，所谓生死而肉骨也。"明日，皆称病，乞解兵权，帝从之，皆以散官就第，赏赉甚厚。

杯盘狼藉

意思：杯子盘子乱七八糟地放着。形容吃喝以后桌面杂乱的样子。

出处/示例：《史记·滑稽列传》："日暮酒阑，合尊促坐，男女同席，履舄交错，杯盘狼藉。"

残杯冷炙

意思：剩余的酒，冷却的烤肉，指吃剩的饭菜。也比喻别人施舍的东西。

出处/示例：北齐·颜之推《颜氏家训·杂艺》："不可令有称誉，见役勋贵，处之下坐，以取残杯冷炙之辱。"

不胜杯杓

意思：喝不了太多的酒。比喻喝酒太多，已经醉了。

出处/示例：《史记·项羽本纪》：“张良入谢曰：‘沛公不胜杯杓，不能辞。’”

头没杯案

意思：头伏在酒杯和桌子间。比喻尽情欢乐，不拘形迹。

出处/示例：《三国志·魏书·武帝纪》裴松之注引《曹瞒传》：“每与人谈论，戏弄言诵，尽无所隐，及欢悦大笑，至以头没杯案中，肴膳皆沾污巾帻。”

象箸玉杯

意思：象牙筷子，犀玉杯子。形容生活奢侈。

出处/示例：《韩非子·喻老》：“象箸玉杯，必不羹菽藿，必旄象豹胎。”《史记·宋微子世家》：“纣始为象箸，箕子叹曰：‘彼为象箸，必为玉杯。’”

破镜重圆　明镜高悬

七家村宋墓群出土花纹铜镜

铜镜是古代照面饰容的日常用具，始于新石器时代晚期的齐家文化。铜镜在春秋战国至秦代期间属王公贵族专用之物，到西汉末期渐渐走入民间，成为人们不可缺少的日常生活用具。后经唐宋时期两次发展高峰，至明清时随着玻璃镜子的诞生逐渐淡出历史舞台。可以说，铜镜几乎贯穿了中国古代历史的发展全过程。

镜子发明的灵感应该源自平静的水面，先民们在河边取水时，平静清澈的水面能清晰地照出人影，水面就是最早的镜子。后来人们用陶鉴装水，待水面静止以后用来照映人脸或进行梳洗打扮。随着人类进入青铜时代，贵族们开始用铜鉴盛水照容，表面光洁的青铜器和水一样能够照影，于是便出现了平整光亮的铜镜。

古代的铜镜大多为圆形，正面为镜，背面雕刻各种寓意吉祥的纹饰。最初的铜镜放在镜架或者镜台上，后来人们为了使用方便，在铜镜后面加上一个可以系绳的钮眼，便于外出携带，并逐渐演化出带手柄的铜镜，与现代玻璃镜的一些造型十分相似。有些人认为古代的铜镜照人昏黄模糊，如果铜镜真的看不清楚，那人们看水中的倒影即可，何必再麻烦制作铜镜呢？其实铜镜的主要成分为铜、锡和铅，初期铜锡比例为1∶1，至唐代铅锡合金比例加大，还加入一定比例的银，这样做出的镜子银光闪闪，照影非常清晰。《淮南子·修务训》中曾提到铜镜表面工艺的制法，

天桥区大桥镇路家庄出土
金代神仙龟鹤齐寿铜镜

太古飞机厂工程公司清墓
出土五子登科铜镜

魏家庄墓地出土汉代
双重圈带铭文铜镜

魏家庄墓地出土汉代
四乳八鸟纹铜镜

“明镜之始下型，矇然未见形容，及其粉以玄锡，摩以白旃，鬓眉微豪可得而察”，铜镜刚从模具里取出时，朦朦胧胧照不出容貌身影来，但等到用玄锡擦拭、白毡磨亮后，人的鬓发、眉毛、毫毛都能照得清清楚楚。

铜镜被使用了近 4000 年，已经超越了日常生活中照面饰容的用途，深深融入了我们的社会生活和文化意识，譬如人们常说的破镜重圆、明镜高悬、以人为镜、镜花水月等，都反映出铜镜已经成为中华传统文化的组成部分。《太平广记》引《本事诗》记载，南朝陈国将要灭亡时，社会动乱，驸马徐德言把一个铜镜破开，与妻子乐昌公主各持一半作为信物。后来果然由半面镜子作为线索而夫妻团聚。

“破镜重圆”后来比喻夫妻失散或感情破裂后又重新相聚或和好。古代衙门中，“明镜高悬”的匾额是不能缺少的，它寄托了古代人们朴素的司法公正的愿望；而封建官吏悬挂此匾，也是身为“父母官”为民作主、公正廉明的象征与宣示。因此，“明镜高悬”比喻官员判案公正廉明。

魏家庄墓地出土汉代
四乳四虺纹铜镜

“以人为镜”这个成语大家非常熟悉，意思是把别人的成败得失作为自己的借鉴。《墨子·非攻中》载：“君子不镜于水而镜于人。镜于水，见面之容；镜于人，则知吉与凶。”意思是说，有才德的人，不以水为镜，而是以人为镜。因为以水为镜只能照见自己的面容，而以人为镜才能知道怎样做对自己有利，怎样做对自

魏家庄墓地出土汉代
日光连弧铭带镜

魏家庄墓地出土汉代星云纹铜镜

魏家庄墓地出土汉代昭明铜镜

己不利。《旧唐书·魏徵传》也有一段记载，魏徵尽心竭力辅佐唐太宗十七年，始终以谏诤为己任，有时甚至犯颜直谏，阻止或纠正了唐太宗许多错误行为和主张，为“贞观之治”的形成和巩固做出了杰出的贡献。他去世之后，唐太宗伤心地说：“以铜作为镜子，可以端正衣冠；以历史作为镜子，可以知道国家的兴亡；以人作为镜子，可以知道自己的得失。现在魏徵去世了，我失去了一面很好的镜子啊！”

济南考古馆中展出了多面铜镜，时代跨度自汉代一直到清代，种类十分丰富，形状有圆形、方形、菱花形、葵花形、“亚”字形等，纹饰则有几何、花草、动物、星云、吉语等，设计新颖、工艺精巧。不同形状、纹饰的铜镜体现了不同时代的流行风尚和文化审美，将古人古朴雅致的日常生活体现得淋漓尽致。

魏家庄墓地出土
汉代草叶纹铜镜

成语释义

镜花水月

意思：镜里的花，水里的月。原指诗中灵活而不可捉摸的意境，后比喻虚幻的景象。

出处/示例：唐·裴休《唐故左街僧录内供奉三教谈论引驾大德安国寺上座赐紫大达法师玄秘塔碑铭》："峥嵘栋梁，一旦而摧。水月镜像，无心去来。"

镜里观花

意思：镜子里头看花。指虽看得见，却得不到或摸不着。

出处/示例：元·乔吉《两世姻缘》第三折："我劝谏他似

水里纳瓜，他看觑咱如镜里观花。”

昏镜重磨

意思：将昏暗的铜镜重新磨光。比喻重见光明。

出处/示例：元·孙仲章《勘头巾》第三折：“投至今日，得见孔目哥哥呵！似那拨云见日，昏镜重磨。”

盲者得镜

意思：形容事物不能发挥正常作用。也比喻埋没人才。

出处/示例：汉·刘安《淮南子·人间训》：“盲者得镜，则以盖卮。”

山鸡舞镜

意思：山鸡对镜起舞。比喻自我欣赏。

出处/示例：南朝宋·刘敬叔《异苑》卷三：“山鸡爱其毛羽，映水则舞。魏武时，南方献之，帝欲其鸣舞无由。公子苍舒令置大镜其前，鸡鉴形而舞，不知止。”

虚堂悬镜

意思：旧时比喻地方官廉明公正。

出处/示例：《宋史·陈良翰传》：“无术，第公此心，如虚堂悬镜耳。”

荆钗布裙　金钗换酒

古代女性发型、发式讲究，梳好的发髻要用花和宝钿花钗来装饰。宝钿花钗里包括发簪、华胜、步摇、发钗和发钿等，统称发饰。这些溢彩叠翠、精巧别致的发饰将古代女子含蓄典雅之美体现得淋漓尽致。下面就让我们一起了解一下古代女子大爱的时尚单品之一——钗。

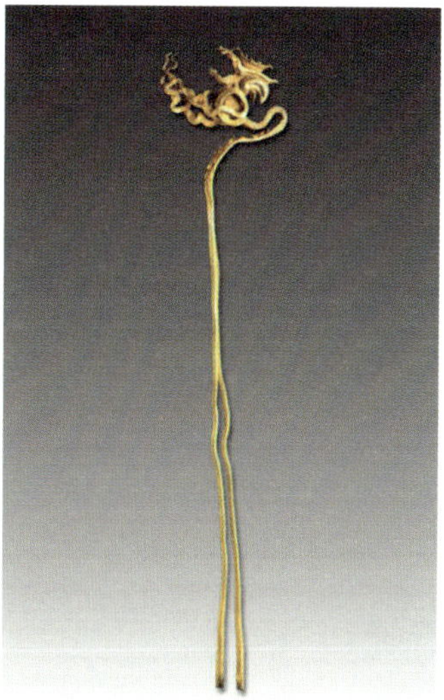

卫巷遗址出土宋代凤头金钗

钗是古代汉族妇女的一种常用发饰，由两股簪子交叉组合而成，看似分离，实则有钗头相连，两个钗脚互相依赖，缺一不可。钗的主要用途是绾住头发，也可以固定帽子。五代马缟著《中华古今注·钗子》载：“钗子，盖古笄之遗象也，至秦穆公以象牙为之，敬王以玳瑁为之，始皇又金银作凤头，以玳瑁为脚，号曰凤钗。”有金钗、玉钗、宝钗、裙钗等。

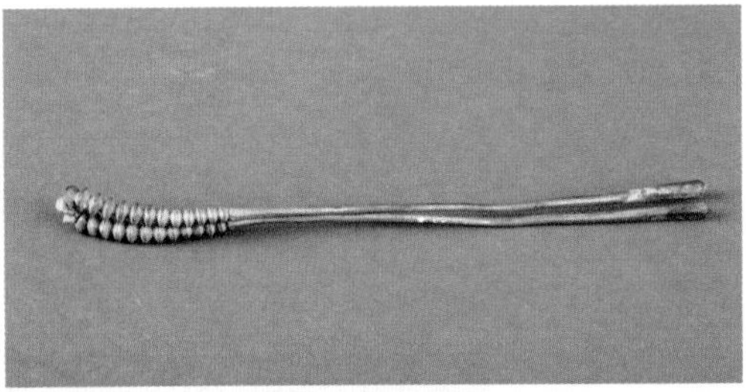

卫巷遗址出土宋代
竹节纹折股银钗

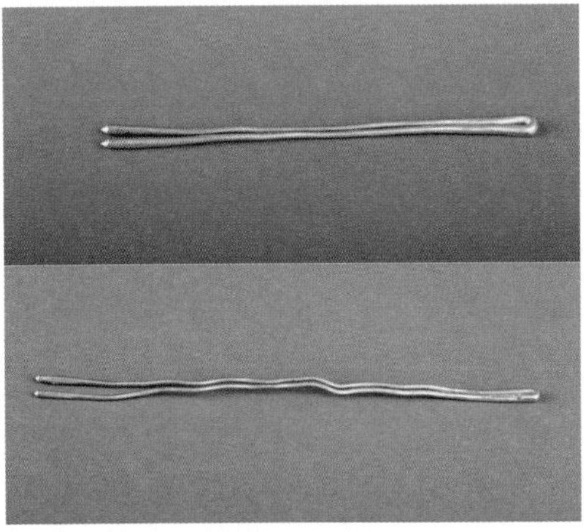

卫巷遗址出土宋代
素面折股金钗

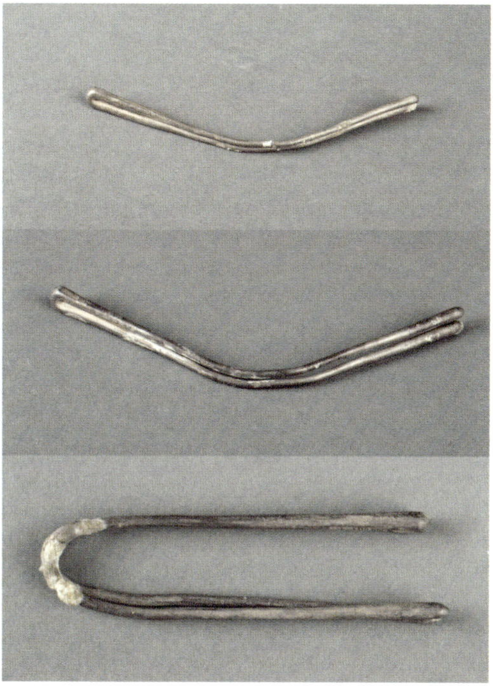

卫巷遗址出土宋代
素面折股银钗

钗，源自古笄，大约从西周开始，女子达到十五岁时要举行“笄礼”，把头发扎成发髻，也称“及笄”，意味着女子已经成年，达到适宜婚配的年龄。秦汉以后，笄被称为簪，男女通用。两汉时期，钗逐渐流行起来。据《华阳国志·巴志》“涪陵郡”条记载：“山有大龟，其甲可卜，其缘可作钗，世号灵钗。”现在我们见到的钗多为珠翠与金银合制而成。钗的插戴方式多样，有横插、竖插、斜插以及自下而上插等。除笄、簪、钗外，“步摇”、华胜、梳篦和钿花都是女性装饰发髻的常见配饰。这么多发饰，一定看得你眼花缭乱了吧。你只要记得“笄是簪的前身，钗比簪多一股，

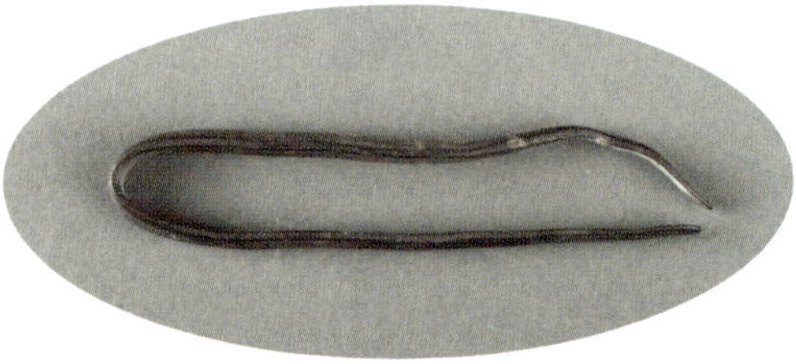
卫巷遗址出土宋代
素面银钗镊子

章丘女郎山古墓群
出土宋代铜钗

步摇是簪钗加挂坠饰”，就很容易区分了。从古代妇女的发饰中可以看到当时社会发展的经济状况，经济越发达，妇女们所佩戴的发饰越多，制作得也越精巧复杂。妇女们佩戴发饰也是身份地位的象征，不同场合所佩戴的发饰也不一样。

钗不仅是一种日常配饰，有时也会被当作一种“信物”，用来定情或作为守约的凭信等。古代恋人或夫妻之间有一种赠别的习俗，女子将头上的钗一分为二，一半赠给对方，一半自留，待到他日重逢再合在一起。辛弃疾《祝英台近·晚春》一词中有“宝钗分，桃叶渡，烟柳暗南浦”之句，表述的正是离别之情；纳兰性德词中“宝钗拢髻两分心，定缘何事湿兰襟”也饱含与自己所爱分离的痛楚。

纵观我国服饰发展史不难看出，钗作为古人最重要的配饰之

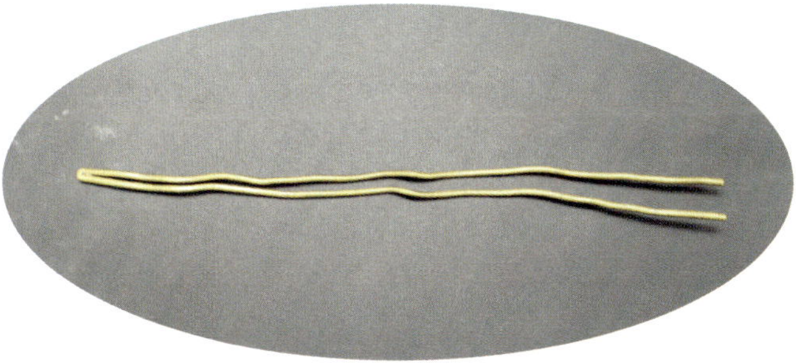

长清崮云湖宋墓出土素面折股金钗

一，几乎贯穿了整个历史发展进程。正因如此，我们生活中也会出现许多与钗相关的成语。“金钗换酒”一词出自唐代元稹《遣悲怀三首》之一：“顾我无衣搜荩箧，泥他沽酒拔金钗。”用来形容贫困潦倒，落魄失意。“破镜分钗”字面意思是打破的镜子、分开的钗子，比喻夫妻或情人之间的离散、别离。“荆钗布裙”意思是戴着荆枝发钗、穿着粗布裙子，用来形容妇女服饰朴素，出自《太平御览》卷七一八引《列女传》：“梁鸿妻孟光，荆钗布裙。”“明道指钗”通常用来形容婴儿聪明。“断钗重合”比喻感情破裂后又重归于好。

济南考古馆中也陈列着数件不同朝代的发钗。其中最精彩亮眼的当属济南卫巷遗址出土的一件宋代凤头金钗。此外，还有三件折股金钗，以及竹节纹折股银钗、素面折股银钗和钗镊子数件，均在考古馆中陈列展示。这些精美的金钗银钗是古代服饰文化中不可缺少的一部分，是漫漫历史长河中一颗颗璀璨闪耀的珍珠。

成语释义

钗横鬓乱

意思：耳边的头发散乱，首饰横在一边。形容妇女睡眠初醒时未梳妆的样子。

出处/示例：宋·王安石《题画扇》："青冥风露非人世，鬓乱钗斜特地寒。"

分钗断带

意思：钗分开，带断了。比喻夫妻的离别。

出处/示例：南朝梁·陆罩《闺怨》诗："自怜断带日，偏恨分钗时。"

分钗破镜

意思：比喻夫妻失散或分离。

出处/示例：南朝陈·徐德言《破镜》诗："镜与人俱去，镜归人未归，无复姮娥影，空留明月辉。"

金钗十二

意思：原形容妇女头上首饰多。后指人姬妾多。

出处/示例：南朝梁·武帝《河中之水歌》："头上金钗十二行，足下丝履五文章。"

簪缨世族 簪笔磬折

上文讲到，钗是古代汉族妇女的一种发饰。这里我们继续聊一聊发饰中的另一名成员——簪。簪，通常被称作“发簪”，是古人用来绾定发髻或冠的长针。古代男女发式以挽髻为主，为将其固定，最常用的绾髻之具就是发簪。

簪也是由笄发展而来，女子满十五岁时举行“笄礼”代表成年，而男子在二十岁时举行的“冠礼”也是同样道理。“笄礼”“冠礼”仪式上最重要的环节即是绾发插簪。簪在古时亦可用作男女之间的定情信物，古人有诗云：“日暮秋云阴，江水清且深。何用通音信，莲花玳瑁簪。”女子若收下男子赠送的发簪，表示已约定终身。

刘家庄遗址出土
商代白玉簪

刘家庄遗址出土
商代青玉簪

发簪作为古代的一种日常发饰，它的发展历经了多个阶段。据考古资料发现，早在距今七千年的仰韶文化中，人们就使用兽骨做成的发笄，已经具备了后世发簪的雏形。商周时期，笄的雕刻技艺有了很大的进步，样式增多。到了汉代，簪的名称才正式确定，且其使用不再受严格礼制的规范限制，材质多样、纹饰繁复精美，得到了长足发展。汉以后，簪的制作工艺更加精湛，尤其是金银簪饰的制作工艺更加繁复多变，各种花卉、鸟兽、植物、文字、人物故事的纹样皆被应用于簪饰之中。

在古代，常以簪的制作材料及装饰纹样来区别佩戴者的尊卑贵贱和社会等级。一般来说，只有皇室或者贵族阶级的女子可以用珍奇的原材料制作发簪，富家多用玉质、银质发簪，而普通百姓多插戴骨质和铜质发簪，且样式简单，少纹或没有纹饰。簪饰作为礼仪服饰亦体现在违犯刑律的一些规定上。古代臣子一旦触犯刑律，成为获罪之身，必须去袍脱簪，以示往日的身份地位不再。后宫女子及朝廷命妇亦有类似的礼仪规范，她们获罪时，只能脱簪着素服，以示罪责。

平阴西山墓地出土
战国骨簪

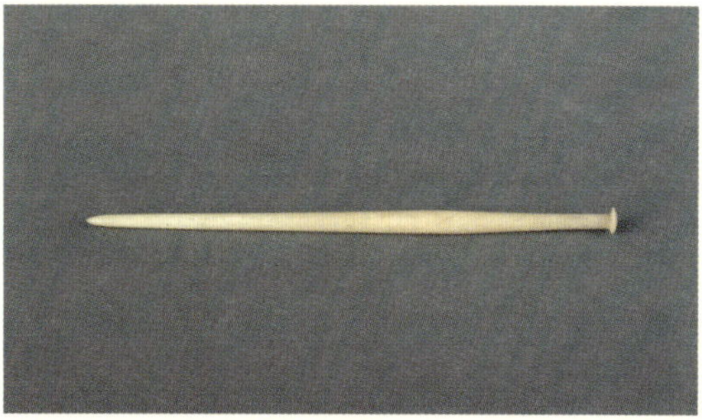

运署街遗址出土
宋代骨簪

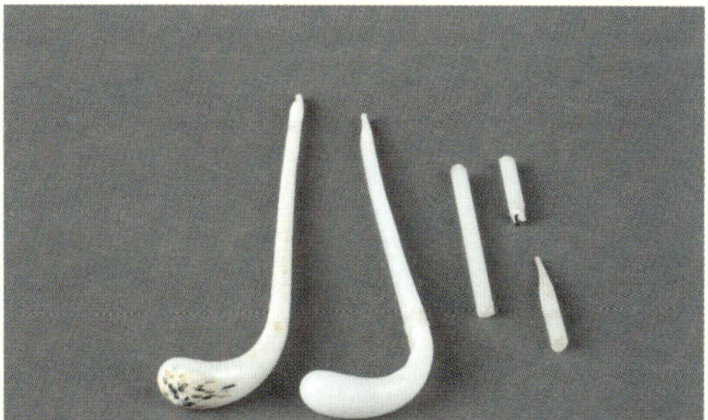

章丘女郎山古墓群
出土明代琉璃簪

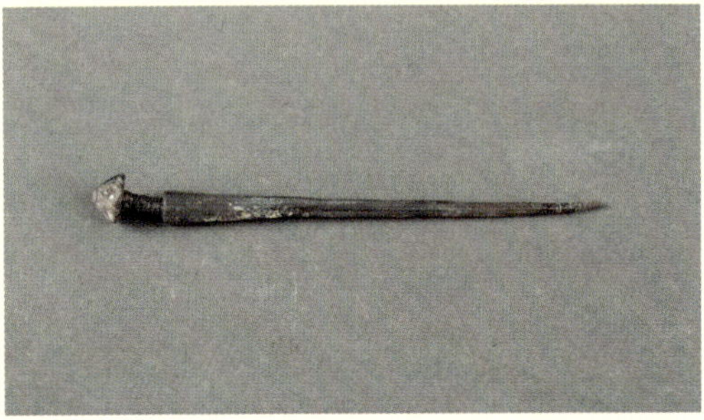

章丘女郎山古墓群
出土明代银簪

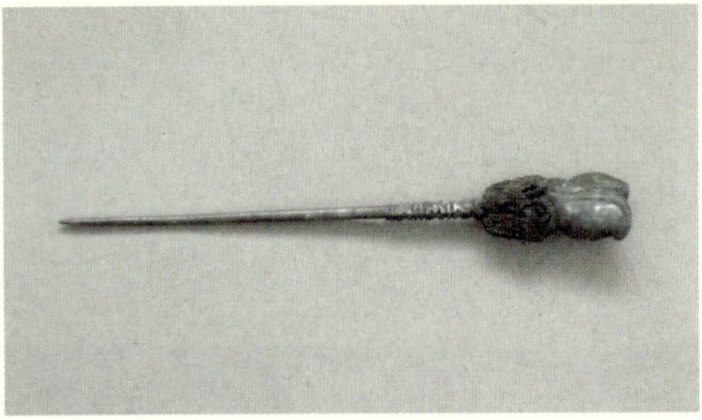

历下区法院清代墓出土
翡翠雕花银簪

历下区法院清代墓出
土蝙蝠寿纹金簪

由于戴官帽时会用簪来固定，故簪常借指官宦身份，如簪绂、簪缨和簪笏，用来比喻荣显富贵。成语“簪缨世族”指旧时世代做官的人家。《史记正义》说：“簪笔，谓以毛装簪头，长五寸，插在冠前，谓之为笔，言插笔备礼也。磬折，谓曲体揖之，若石磬之形曲折也。”古时男女除了用簪来固定发冠，也会把笔插在头上，方便随时记事，称为“簪笔”，成语“簪笔磬折”意思是插笔备礼，像磬一样弯着腰作揖，以示恭敬。“窃簪之臣”原指偷盗者，后比喻有一小技可解危难者。这个成语源自春秋时期，一次齐国军队进攻楚国，楚国有位善于偷盗的人，连续偷走了齐军将领的发簪、枕头之类的东西；楚军将领派人一一送还，齐军将领看到非常吃惊，害怕那偷盗的人暗中杀害自己，立即带领军队撤退。“美女簪花”出自南朝梁袁昂《古今书评》：“卫恒书如插花美女，舞笑镜台。”用以形容书法娟秀，也比喻诗文清新秀丽。唐褚载《赠道士》诗：“簪星曳月下蓬壶，曾见东皋种白榆。”“簪星曳月”形容佩带光彩耀眼。

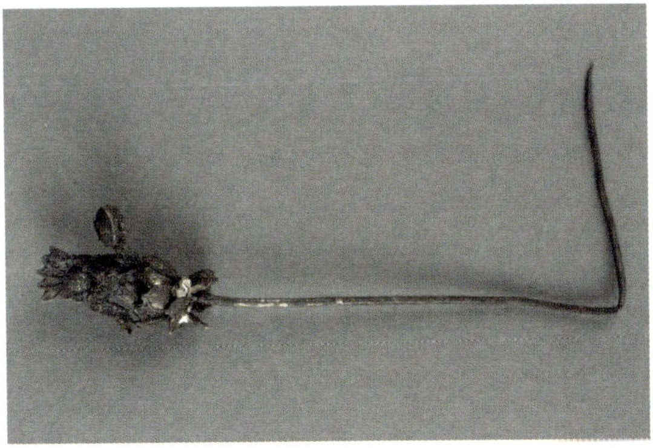

历下区法院清代墓出土银簪

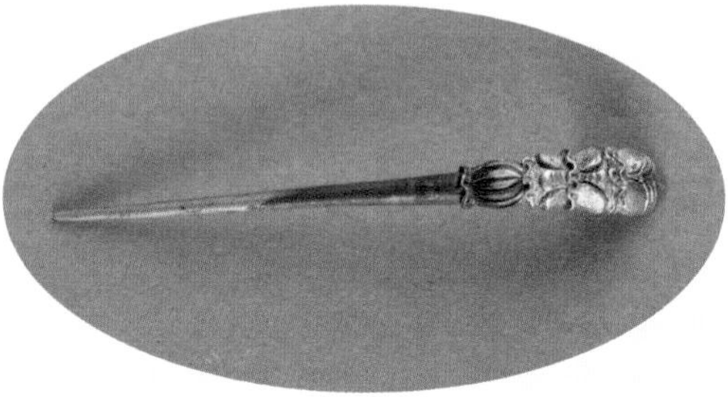

历下区法院清代墓
出土雕花金簪

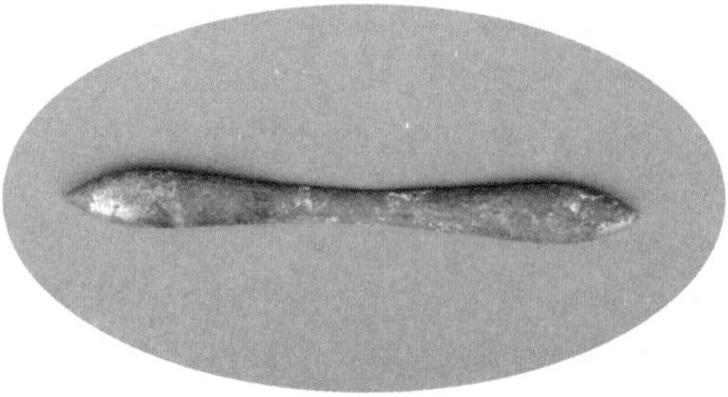

山师东路民国墓
出土清代铜簪

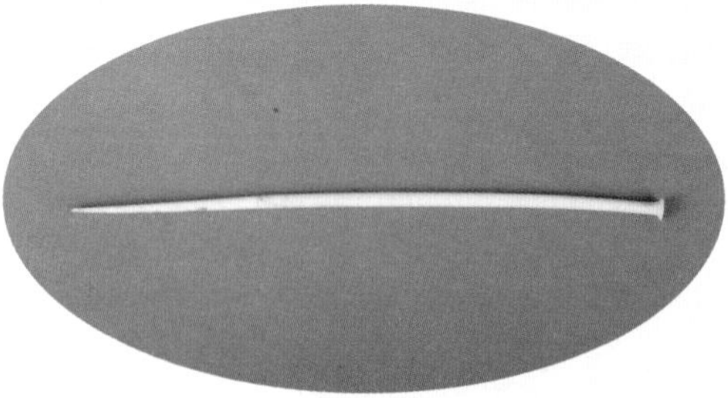

平阴西山墓地
出土清代骨簪

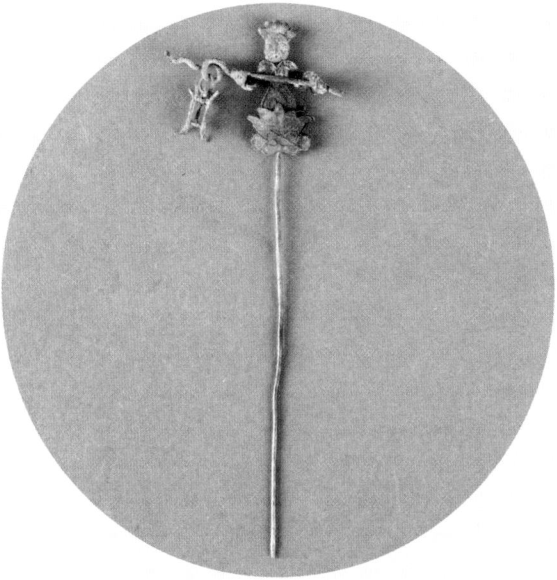

章丘女郎山古墓群出土清代仙女宫灯银簪

舜耕山庄清代墓出土雕花金簪

魏家庄墓地出土
清代银扁方

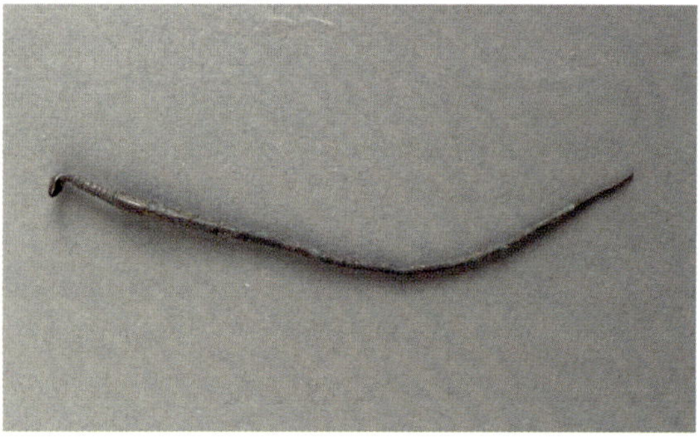

魏家庄墓地出土
清代银簪

济南考古馆里展示的簪，时间跨度自商代至清代，材质涵盖了骨、玉、银、金、琉璃等，十分丰富。其中，刘家庄遗址出土两支商代玉簪，通体素净，线条流畅，古典优雅，充分显示出商代高超的制玉技艺。历下区法院清代墓中出土的蝙蝠寿纹金簪，两端錾刻“双蝠捧寿”纹饰两组，其中一只蝙蝠口衔双桃，另一只口衔双钱；两蝙蝠之间为团寿图案，有“福寿双全”之意，背后錾刻“足赤”款识。另一件翡翠雕花银簪上部雕刻花纹，簪首扁圆，镂刻花纹，内镶圆雕绿色翡翠花一朵。整件器物造型精巧，宛如清新淡雅的出水芙蓉，清丽脱俗。这几件发簪，无论是从设计还是造型上都代表了清代精湛的黄金和玉器制作工艺，生动再现了清代诰命夫人穿金戴银、雍容奢华的生活状态。

此去经年，韶华易逝，而这些金银珠宝的华丽，却历久弥新，永恒而璀璨。

成语释义

簪缨世胄

意思：指世代做官的人家。

出处/示例：明·凌濛初《二刻拍案惊奇》卷十七："舍人是簪缨世胄，况又是黉宫有士，指日飞腾，岂分什么文武门楣？"

遗簪坠屦

意思：遗失的簪子，掉落的鞋子，比喻旧物。后称不忘旧友为"不弃遗簪坠屦"。

出处/示例：《北史·韦敻传》："昔人不弃遗簪坠屦者，恶与之同出，不与同归。吾之操行虽有不逮前烈，然舍旧录新，亦非吾志也。"

推杯换盏　弄盏传杯

我国是最早发现茶树并制茶饮茶的国家，茶被誉为“国饮”。而盏是古代饮茶的配套用具，基本器形为敞口小足，斜直壁，一般较饭碗小、比酒杯大。

其实在饮茶之始，并没有真正专门用来饮茶的器具，喝茶时常与酒器、食器一起混用。自秦汉以后，饮茶之风日渐兴起，茶具才开始从日常的食器、酒器中分离出来。据考古发现和相关文

七家村宋墓群出土青釉瓷盏

献资料证明，瓷盏制作始于东晋。南北朝时饮茶之风逐渐流行起来。至唐代，茶已成了人们生活中的日常饮品，形成了茶人兴茶、皇家重茶、文人写茶、佛教崇茶、举国饮茶的社会现象，出现了专门用于饮茶的器具——茶盏，也常被称为茶碗。

宋代作为中国历史上瓷器发展的高峰和茶文化发展的重要历史时期，上承唐五代，下启元明清，影响至关重要。当时名窑辈出，异彩纷呈。宋兴斗茶，以茶汤面上浮起的白沫多且持久者为优胜，而用黑盏盛茶便于观察漂浮的茶叶白沫。黑亮如漆器般的建窑“兔毫盏”在众多瓷器中独树一帜，釉面上所显现的丝丝黄褐色的似兔毛一样的纹理，给人带来一种奇妙的视觉感受。加上兔毫盏成品率不高，在宋朝斗茶文化的大背景下，建盏达到鼎盛。正如北宋品位卓然的艺术家皇帝——徽宗赵佶在《大观茶论》中写道：“盏色贵青黑，玉毫条达者为上。”明清以后的茶盏又配以盏盖，形成了一盏、一盖、一碟的三合一茶盏，又称盖碗。

县西巷遗址出土元代酱釉瓷盏

按察司街遗址出土
金代白釉瓷盏

旧军门巷遗址出土
金代酱釉瓷盏

茶盏和我们经常用到的茶杯到底有什么区别呢？从杯盏的发展史上看，杯的产生在先，盏在后。茶杯分大小两种，小杯主要用于乌龙茶的品啜，亦叫品茗杯，是与闻香杯配合使用的；大杯可直接作泡茶和盛茶用具，主要用于高级细嫩名茶的品饮。除此之外，杯多用以饮酒，盏多用以饮茶；杯的器形较小，盏的器形较大；杯多高脚，盏多圈足；杯的纹饰简约，盏的纹饰繁杂。

我们生活中常用的一些成语也与盏有关。“推杯换盏”有两层含义，一方面形容亲朋好友聚会喝酒时互相敬酒，欢声笑语气氛融洽。但是古人不仅指喝酒时的场景，更深的含义是达官贵人一般都不用杯子而用盏喝酒，因而升官之后就可以把杯子换掉改用盏了，借指某人升官发财，或者事业得志之后生活或者其他方

长清崮云湖宋墓出土建盏

面的条件得到很大好转和改善。另一方面送盏和受盏之人都把对方视为好友知己，说明知己之间可以推心置腹的意思。没想到吧，一个成语还会有层层递进的不同含义呢。“三杯两盏”形容饮用少量的酒。

济南考古馆中陈列的两件建盏均出自长清崮山宋墓，大小相仿，皆为敞口小足，斜直壁，大小界于碗杯之间。做工规整，器物釉面肥厚滋润，闪现赤褐色光泽，由上而下逐渐加厚，形成盏口沿内外釉层较薄，口沿上部无光泽，镶银边，外壁近底足部分的釉水呈聚釉状或垂流成滴珠状。其中一只丝丝兔毫流畅均匀，毫毛颜色由深渐浅，纹理由密渐疏，为宋代茶具上品。一般来说，宋代的瓷盏多是施釉不及底，圈足露胎，多与漆制盏托配套使用。两件建盏厚重而又不失秀美，釉色深沉而晶莹温润，展示出宋人恬淡典雅、柔和含蓄的审美风格。

成语释义

弄盏传杯

意思：指酒宴中互相斟酒。弄：酒宴中戏弄。传：传递，传送。

出处/示例：元·无名氏《赠妓》曲："不问生熟办酒食，他便要弄盏传杯。"

传杯换盏

意思：指酒宴中互相斟酒。

出处/示例：清·吴敬梓《儒林外史》第五十二回："说着，家人摆上酒来，三个人传杯换盏，吃到半酣。"又第二十九回："传杯换盏，吃到午后。"

传杯送盏

意思：指酒宴中互相斟酒。

出处/示例：清·文康《儿女英雄传》第三十七回："我三个人喝个传杯送盏，何如？"

传杯递盏

意思：指酒宴中互相斟酒，借指饮酒作乐。

出处/示例：清·吴璿《飞龙全传》第三回："自己却藏好了书札批文，与张、罗二人传杯递盏，畅饮舒怀。"

高枕无忧　枕经籍书

说起枕头，大家是再熟悉不过了，它是辅助人们休息和睡眠的一种用具。现在枕头的用料及填充物多种多样，化纤、乳胶、羽绒、荞麦皮等等五花八门，功能强大。那古人用的枕头是什么样子的呢？现在，我们就来聊一聊文物中的枕头。

许慎在《说文解字》中对“枕”字解释为：“枕，卧所荐首者。从木、冘声。”“枕”字形旁从“木”，声旁为“冘”。由此推测，最早的枕头应是木制的。据现有的考古资料，早在新石器时期晚期就出现了人类使用的石枕。古代枕头主要分为硬枕和软枕两类。

七家村宋墓群出土
绿釉黄彩刻花瓷枕

七家村宋墓群出土
黄釉绿彩瓷枕

硬枕有瓷枕、玉枕、金银枕等。软枕则以布、绢、毛皮等制作而成，内部填充布头、草叶、粟谷等物。瓷枕只是众多枕头中的一种，但因瓷枕材质坚硬、成本低廉、易保存，因而在出土的枕头中以瓷枕最为常见。

瓷枕，即瓷质的枕头，最早出现于隋朝，唐以后逐渐流行。睡惯了软枕的现代人，很难理解古人为什么选择又冷又硬的瓷枕。瓷枕真的是用来睡觉的吗？是的，除了一部分瓷枕是用来陪葬的，大多数瓷枕都是实用器，以前的人们确确实实枕着它睡觉。古代诗文中出现的瓷枕，大多与暑气、午睡有关。北宋张耒《谢黄师是惠碧瓷枕》诗：“巩人作枕坚且青，故人赠我消炎蒸。持之入室凉风生，脑寒发冷泥丸惊。”这首诗道出了瓷枕的消暑功用，瓷枕很可能与扇子相似，属于季节性的器物。一件金代磁州窑白地黑花八角瓷枕上题诗《夏景》：“夏日景偏长，遥天转暑光。如人会消遣，何处不清凉。”夏日炎炎，午后的时光又如此漫长，冷冰冰的瓷枕正适宜午睡消暑。南唐冯延巳《菩萨蛮》中：“娇

章丘女郎山古墓群出土宋代三彩瓷枕

鬟堆枕钗横凤，溶溶春水杨花梦。”五代魏承班《诉衷情》：“春深花簇小楼台，风飘锦绣开。新睡觉，步香阶，山枕印红腮。”在这些描写女子闺阁生活的词作中，我们可以发现瓷枕的另外一个功能——支髻固定。古代女子头发很长，梳发髻更是耗时耗力，为了省时，往往会选择瓷枕，它可以让复杂的发型和头饰保持不乱。虽然缺乏直接的证据，但从诗歌中可以得到间接印证。此外，瓷枕还有储物功能。古时“枕中书”，喻指珍秘书籍。因为瓷枕是中空的，可设密匣以放置贵重物品。祈福辟邪保平安是瓷枕的又一大功用。在瓷枕上描绘代表吉祥寓意的图案、书写诗文等，祝愿枕着瓷枕的人平安、乐观、多子、富贵。

在漫长的发展过程中，“枕”字也被用于成语中，赋予更多的内涵。“高枕无忧”比喻安卧闲适而无忧虑，后也比喻思想麻痹，丧失警惕。“大衾长枕”形容夫妻恩爱，后比喻兄弟友爱；“枕经籍书”形容酷嗜读书，以书为伴。与枕有关的成语还有很多，都展示出枕的特别文化功能。

济南考古馆里展示的均为宋代瓷枕，纹饰不同，造型各异，让人耳目一新。其中，七家村墓群出土的两件瓷枕均为半圆形，通体施釉，雕刻有花卉图案，配色清新脱俗，风格古朴典雅。魏家庄墓地出土的宋代束腰形白釉绿瓷枕中间下凹，两端上翘，灵动俏皮。而宋代狮形三彩枕呈卧狮形，枕面斜凹，刻牡丹纹，饰釉黄绿相间，狮子张嘴瞪目，栩栩如生。这些形态各异的瓷枕生动展示了宋人身心放松、与世无争、自得其乐的心态。

魏家庄墓地出土
宋代狮形三彩枕

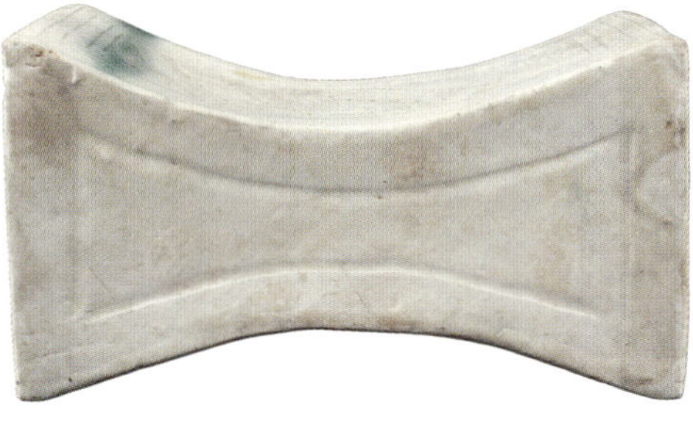

魏家庄墓地出土宋代
束腰形白釉绿彩瓷枕

成语释义

枕戈待旦

意思：枕着武器睡觉等天亮，立志杀敌。形容时刻准备作战。

出处/示例：《晋书·刘琨传》："吾枕戈待旦，志枭逆虏。"

枕戈寝甲

意思：枕着戈、穿着铠甲睡。形容经常生活在战争之中。

出处/示例：《晋书·赫连勃勃载记》："朕无拨乱之才，不能弘济兆庶，自枕戈寝甲，十有二年，而四海未同。遗寇尚炽。"

枕流漱石

意思：旧时指隐居生活。

出处/示例：南朝宋·刘义庆《世说新语·排调》："王曰：'流可枕，石可漱乎？'孙曰：'所以枕流，欲洗其耳；所以漱石，欲砺其齿。'"

枕山栖谷

意思：比喻过隐居生活。

出处/示例：《后汉书·黄琼传》："诚遂欲枕山栖谷，拟迹巢、由，斯则可矣。"

枕席过师

意思：军队从桥上渡河，如在枕席上通过那样安稳而容易。

出处/示例：《汉书·赵充国传》："治湟陿中道桥，令可至鲜水，以制西域，信威千里，从枕席上过师，十一也。"

长枕大被

意思：比喻兄弟友爱。

出处/示例：隋·虞世南《北堂书钞》卷一三四引汉蔡邕《协

初赋》："长枕横施，大被竟床。"《新唐书·让皇帝宪传》："玄宗为太子，尝制大衾长枕，将与诸王共之。"

扇枕温被

意思：形容对父母十分尽心。

出处/示例：《晋书·王延传》："延事亲色养，夏则扇枕席，冬则以身温被。"

一枕黄粱

意思：原比喻人生虚幻。后比喻不能实现的梦想。

出处/示例：唐·李泌《枕中记》："卢生欠伸而寤，见方偃于邸中，顾吕翁在旁，主人蒸黄粱尚未熟，触类如故，蹶然而兴曰：岂其梦寐耶？"

寝苫枕块

意思：睡在草垫子上，头枕着土块。古时宗法所规定的居父母丧的礼节。

出处/示例：《仪礼·既夕礼》："居倚庐，寝苫枕块。"

绣花枕头

意思：比喻徒有外表而无学识才能的人。

出处/示例：清·彭养鸥《黑籍冤魂》第六回："顶冠束带，居然官宦人家，谁敢说他是个绣花枕头，外面绣得五色灿烂，里面却包着一包稻草。"

圆木警枕

意思：用圆木做枕头，睡着时容易惊醒。形容刻苦自勉。

出处/示例：宋·范祖禹《司马温公布衾铭记》："以圆木为警枕，小睡则枕转而觉，乃起读书。"

衣钵相传 盆满钵满

前文中讲过多种容器，食器、水器、酒器等。在这里，我们再来聊聊另一种容器——钵。钵，是洗涤或盛放物品的器具，形状像盆而较小，陶制居多，用来盛饭、菜、茶水等。说到钵，可能在中国人的脑海里最先浮现的，应该是吴承恩所著《西游记》中，唐僧化缘所使用的紫金钵吧。不要小看一个小小的钵，它可有许多讲究呢。

刘家庄遗址出土
唐三彩钵

按察司街遗址出土
唐代黄釉瓷钵

旧军门巷遗址出土
宋代黄釉瓷钵

旧军门巷遗址出土
元代钧釉瓷钵

旧军门巷遗址出土
宋代钧釉瓷钵

旧军门巷遗址出土
元代青釉瓷钵

钵是早期佛教里“比丘十八物”之一，又被称为钵多罗，是佛家的常持道具之一。古印度修行者常持钵游历四方，是接受大众布施的法器，也是盛饮食供于佛前的供养之具。民间一般作为食器，形状为圆形稍扁一些，底是平的，口相对较小，类似于鼓的形状。这一造型可“应量”不易溢出，又能保温。在佛教律制上，“钵”有“体、色、量”三事相应。其一，它的“体”质只准使用瓦、铁塑铸，不得使用金、银、铜、琉璃、摩尼、白蜡、木、石等，故钵体质粗。其二，它的“色”彩四分律限为黑赤两色，五分律限为黑、赤、灰色，不准熏染他色，故钵以灰黑色为主，令其不起染心。其三，它的容“量”四分律规定“大者可受三斗，小者可受半斗，中者比量可知”，因持“钵”者以应受他人的饮食，故应量而食，含有少欲知足之意，又被称为“应法器”；因其体积大小的不同，恰如持用者的食量，又被称为“应量器”。《佛说八大人觉经》偈言：“虽为俗人，不染世乐，常念三衣，瓦钵法器，志愿出家，守道清白，梵行高远，慈悲一切。”后世出家人按规矩一般用铁钵或瓦钵，瓦钵就是陶制的钵。因为用铁或瓦，

旧军门巷遗址出土
金代钧釉瓷钵

旧军门巷遗址出土
金代黄釉瓷钵

七家村宋墓群出土
酱釉瓷钵

既不会给信众增加供养成本上的负担，也不会惹来世人的讥嫌。而随着历史的发展，汉传佛教虽已没有了乞食的传统，但在法会活动、行脚外出时，僧众还是会依律使用钵具。

现代生活中一些常用的成语或俗语也与钵有关。“衣钵之传”原指佛教徒师父把袈裟和食钵传授给徒弟，后泛指前人思想、学问、技能的传授和继承。“沿门持钵”原指僧尼挨门向人求布施，后泛指到处乞求施舍。“盆满钵满”这一俗语用来形容赚钱很多。

卫巷遗址出土
金代黑釉瓷钵

卫巷遗址出土
唐代青釉瓷钵

县西巷遗址出土
宋代白釉瓷钵

平阴西山墓地出土
汉代陶钵

腊山东路汉墓
出土陶钵

济南地区也出土了不少钵具。七家村宋代墓群出土一件宋酱釉瓷钵。刘家庄遗址出土一件唐三彩钵。唐三彩从唐代开始大量烧制并用于陪葬，而唐代流行厚葬，为后人留下了丰富的文化遗产。这件唐三彩钵推测属于唐代中晚期，保存较完整，且色泽亮丽，十分难得。位于古城区内旧军门巷遗址也曾出土元钧釉瓷钵和一件元青釉瓷钵。此外，腊山汉墓出土两件汉陶钵，按察司街遗址出土一件唐黄釉瓷钵，让后人能直观领略钵在不同时期的风采。

药山汉墓出土
东汉陶钵

章丘女郎山古墓群
出土元代白釉瓷钵

章丘女郎山古墓群出土宋代白釉瓷钵

成语释义

衣钵相传

意思：中国禅宗师徒间道法传授，常常举行授予衣钵的仪式。比喻技术、学术的师徒相传。

出处/示例：《旧唐书·神秀传》："昔后魏末，有僧达摩者，本天竺王子，以护国出家，入南海，得禅宗妙法，云自释迦相传，有衣钵为记，世相付授。"

沿门托钵

意思：原指僧徒化缘。比喻挨家乞讨。

出处/示例：清·无名氏《杜诗言志》卷一："故读者于此等处最要分别，不然则视少陵为随地募缘，沿门托钵者流矣。"

一瓶一钵

意思：指和尚云游时的简单食具。形容家境贫寒。

出处/示例：宋·李清照《投翰林学士綦崇礼启》："再见江山，依旧一瓶一钵。"

击钵催诗

意思：指限时成诗。比喻诗才敏捷。

出处/示例：清·文康《儿女英雄传》第三十七回："七步八叉，具有成例，古人击钵催诗，我要击钵了。"

买犁卖剑　铸剑为犁

汉画像石上的牛耕图

中国自古以农立国，耕耘畜养绵延了上万年。年复一年的春种夏耘、秋收冬藏，不仅养育了伟大的中华民族，而且创造了辉煌的农耕文明。犁是农耕活动中非常重要的耕种工具，它由在一根横梁端部的厚重的刃构成，用来破碎土块并耕出槽沟，从而为播种做好准备。在犁发明以前，我国普遍使用的耕种工具是耒耜，耒是耒耜的柄，耜是耒耜下端的起土部分。用它来翻整土地，播种庄稼，进行农业生产。耒耜最初是由单人操作，后发展为两人相对、共同操作的"耦耕"法，再发展成一人在后推耒首，一人以绳向前牵曳的人力牵引式，最后用牛拉代替人力牵引，从而完成了向犁的演变。

自商代起，农业耕作已使用耕牛拉犁，木身石铧。当时田地大多掌握在王室贵族手里，奴隶们干活热情并不高，加上工具落

汉画像石上的
耕作图

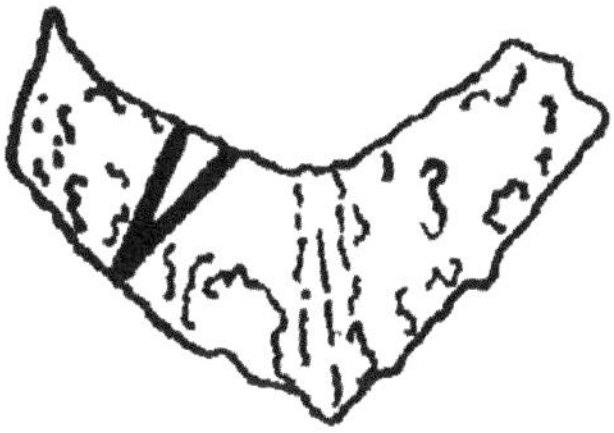

青龙山汉画像石墓
出土铧冠线图

后，这一时期的农业整体发展非常缓慢。到周朝中后期，开始出现了铜犁，社会制度也由奴隶制慢慢向封建制发展，土地私有化开始出现，生产力较以前有了进一步发展。战国时期，人们在木犁铧上套上了V形铁刃，俗称铁口犁。犁架变小，轻便灵活，还可以调节深浅，大大提高了耕作效率，中国农业进入了飞速发展期。两汉时期，铁犁的发展水平更高，犁已基本定型，但汉代的犁是长直辕犁，耕地时回头转弯不够灵活，起土费力，效率不高。至唐朝时，犁出现了重大改革，在原有的基础上改进了犁铧和犁冠，使之合二为一，操作起来更加方便。另一个重大改变是出现了曲辕犁。曲辕犁结构完备，轻便省力，是当时先进的耕犁。唐以后，我国的犁再没有大的变化，只是稍加改进。一直到了现代，机械取代人力和牛耕，犁又有了质的飞跃。

郎茂山元代家族墓
出土铁犁铧

在农耕社会，人们与犁的关系极为密切，在漫长的使用过程中衍生出许多与犁有关的成语。《孔子家语·致思》：“铸剑戟习以为农器，放牛马于原薮，室家无离旷之思，千岁无战斗之患。”这句话的意思是，剑戟之类的武器改铸为农具，平原湿地放牧牛马，妇女不因丈夫长期离家征战而忧思，经年累月没有战争的忧患。由此演化为成语“铸剑为犁”，销熔武器以制造务农器具，表达出人们愿意放下武器追求和平的愿望。“买犁卖剑”原指放下武器，从事耕种，后比喻改业务农或坏人改恶从善。

犁铧随着耕犁的出现而诞生，是耕犁破土垦壤的核心部件。犁铧呈 V 字形，其用途是在土地上豁出一条条沟，土向两边排出，达到松土的效果。春秋战国以来，几乎所有的犁身上都安装着铁犁铧，并用它完成了持续两千多年的田间耕种任务，创造了古老而悠久的华夏农业文明。犁的发明、应用和发展，凝聚和显示了先民的智慧。济南运署街遗址、青龙山画像石墓等发掘中，都曾出土汉代铁质铧冠。济南考古馆展示的元铁犁铧出土于郎茂山路元代家族墓中，该犁铧铁质，锈蚀严重，整体呈三角形，背面开“V”字形銎，两翼开刃，器身使用、磨损痕迹明显，槽内塞满泥土，推测应为一件实用器。铁质农具是当时先进的生产工具，铁犁铧的发现表明元代济南地区的生产力具有较高水平，农业走上精耕细作之路。

成语释义

犁庭扫闾（犁庭扫穴）

意思：犁平他的庭院，扫荡他的村庄。比喻彻底摧毁敌方。庭：庭院。扫：扫荡。闾：里巷的门。

出处 / 示例：《汉书·匈奴传下》：“固已犁其庭，扫其闾，郡县而置之。”

犁牛之子

意思：比喻父虽不善却无损于其子的贤明。

出处 / 示例：《论语·雍也》：“犁牛之子骍且角，虽欲勿用，山川其舍诸？”

犁生骍角

意思：谓杂色牛生纯赤色、角周正的小牛。比喻劣父生贤明的儿女。

出处 / 示例：《论语·雍也》：“子谓仲弓，曰：‘犁牛之子骍且角，虽欲勿用，山川其舍诸？’”邢昺疏：“杂文曰犁。骍，纯赤色也。角者，角周正也。舍，弃也。诸，之也。仲弓父贱人而行不善，故孔子称谓仲弓……言仲弓父虽不善，不害于子之美也。”

拽把扶犁

意思：指以种田为业。

出处/示例：元·张国宾《薛仁贵》第三折：“偏不肯拽把扶犁，常只是抛了农器演武艺。”

面目犁黑

意思：面貌黑黄色。形容憔悴的样子。

出处/示例：西汉·刘向《战国策·秦策》：“形容枯槁，面目犁黑，状有归（愧）色。”

盘根问底　和盘托出

说到餐具，与我们的生活太密切了。从类型上看，碗、盘、碟、杯、刀、叉、勺、筷等，都是千家万户日常餐桌上的常客，大江南北，千里如一。从材质上分，有金属、陶瓷、玻璃、木质、塑料等，用途上也分工明确。这些碗盘碟盏样式各异、色彩丰富，装点着饮食菜品，衬托出用餐气氛。在这里先来说说盘。

旧军门巷遗址出土明代
青花酱口龙纹瓷盘

奥体中路汉墓出土
东汉绿釉陶盘

解放东路鲍德·现代逸城
工地出土金代青釉瓷盘

闵子骞墓苑东汉墓
出土彩绘陶盘

早在原始社会，人们为了进食的需要，发明了许多烹饪和饮食的器物，逐渐改变了用手抓食的习惯。自从农业发展之后，为方便食用稻、粟、麦等食物，人们开始制作相应的餐具，餐具中的“盘”便应运而生。虽然古代很早就出现“碗”，但一般只用来喝水或喝酒，不用来吃饭或喝汤。而盘子可大可小，可深可浅，吃菜喝汤，再好不过。盘子比碟子大，多为圆形，也有方形或椭圆形，基本器形为敞口、浅腹、平底、高足或圈足。据其功能可分为果盘、汤盘、托盘等；据其形状可以分为葵口盘、花口盘、折沿盘等。最初，盘子以陶盘、木盘和铜盘为主。而随着木制餐具的流行，为了更好地装饰这类器皿，先民们发明了髹漆工艺，为木制品涂上五色斑驳的天然漆，使之光色美丽夺目。魏晋之后，

七家村宋墓群出土
唐代青釉瓷盘

七家村宋墓群出土
宋代灰陶盘

卫巷遗址出土
明代陶轮盘

卫巷遗址出土清乾隆
粉彩花卉纹瓷盘

卫巷遗址出土清乾隆
粉彩轧道花卉纹瓷盘

县西巷遗址出土明代
白釉瓷盘

县西巷遗址出土元代
青白釉印花瓷盘

瓷盘开始出现并迅速走红，成为人们餐桌上的主流。时至今日，盘依然在餐桌上扮演着重要的角色。

我们生活中常用的许多成语或俗语与盘有关。“杯盘狼藉”形容宴饮将毕或已毕，桌上杯盘碗筷等乱七八糟的样子。“盘根错节”是说树根木节盘旋交错，不易砍伐，比喻事情繁难复杂，不易处理。“和盘托出”比喻全都讲出来，毫不保留。“龙盘虎踞”形容地势十分险要。“盘根问底”是指盘问事情的根由底细。“一盘散沙”比喻涣散不团结或力量分散没有组织起来。“盘石之固”比喻坚固不可动摇。

济南市考古研究院二十多年的考古工作在咱们脚下的土地中发现了各类盘子，时间跨度大，种类丰富，分布广泛，直观展示了济南地区盘子的发展和使用历史，体现出不同时期济南先民的审美标准和文化特点。位于古城区的旧军门巷遗址曾出土明代青花酱口龙纹瓷盘，按察司街遗址曾出土唐代铜盘和元代钧釉瓷盘，

县西巷遗址出土明代
青花双狮戏绣球纹瓷盘

县西巷遗址出土元代
青釉刻花瓷盘

县西巷遗址出土
明代青花瓷盘

七家村墓地曾出土唐代青釉瓷盘；大家熟悉的宽厚里之前名叫宽厚所街区，考古人员在这里发掘出明代青花瓷盘。除此之外，解放东路鲍德·现代逸城金代墓中曾出土金代钧釉瓷盘，郎茂山元代墓中曾出土元代钧釉瓷盘，孙村镇北高尔村金代墓中曾出土金代钧釉瓷盘，章丘东姚庄元代壁画墓中曾出土元代酱釉瓷盘。这些大小不一、深浅不同、纹饰各异、材质丰富、五彩斑斓的盘子

运署街遗址出土
清代青花瓷盘

魏家庄墓地出土唐代瓷盘

魏家庄墓地出土清代瓷盘

装点着古人的餐桌。虽无法品尝到古人舌尖上的美味，感受古人精致讲究的用餐礼仪，但这些带着浓浓生活气息的餐具带我们直观地体味了古人的一餐一饭，为我们带来了具有中国文化特色的餐桌文化。

成语释义

和盘托出

意思：端东西时连盘子全部拿出来。后比喻毫不隐瞒，全部说出。

出处/示例：明·冯梦龙《警世通言》："饭罢，田氏将庄子所著《南华真经》及老子《道德》五千言，和盘托出献与王孙。"

龙盘虎踞

意思：像龙盘绕，像虎蹲坐。形容地势险要雄伟。

出处/示例：汉·刘胜《文木赋》："条枝摧折，既剥且刊，见其文章，或如龙盘虎踞，复似鸾集凤翔。"

盘根问底

意思：盘问、追究事情的根由。

出处/示例：清·李汝珍《镜花缘》第四十四回："无如林之洋虽在海外走过几次，诸事并不留心，究竟见闻不广，被小山盘根问底，今日也谈，明日也谈，腹中所有若干故典，久已告竣。"

盘马弯弓

意思：骑马盘旋，张弓欲射。比喻故作姿态而不付诸行动。

出处/示例：唐·韩愈《雉带箭》诗："将军欲以巧伏人，

盘马弯弓惜不发。”

同盘而食

意思：同吃一个盘中的食物。形容兄弟之间骨肉情深。

出处/示例：《魏书·杨椿传》：“吾兄弟，若在家，必同盘而食，若有近行，不至，必待其还，亦有过中不食，忍饥相待。”

净盘将军

意思：指十分贪吃的人。

出处/示例：元·无名氏《小尉迟》第一折：“你道因何封我做净盘将军？若有人请我到的酒席上，且不吃酒，将各样好下饭，狼餐虎噬，则一顿都噇了，方才吃酒，以此号为净盘将军。”

重利盘剥

意思：用高利贷的方式进行残酷剥削。

出处/示例：清·曹雪芹《红楼梦》第一百零六回：“你父亲所为，固难劝谏，那重利盘剥，究竟是谁干的？”

安如盘石（盘石之安）

意思：像盘石一样安稳不动。形容非常稳固，不可动摇。

出处/示例：战国·荀况《荀子·富国》：“为名者否，为利者否，为忿者否，则国安于盘石，寿于旗翼。”

盘石之固

意思：比喻坚固不可动摇。

出处/示例：《晋书·陆机传》：“于是乎立其封疆之典，裁其亲疏之宜，使万国相维，以成盘石之固。”

大才盘盘

意思：指有大才干的人。盘盘：形容大的样子。

出处/示例：南朝宋·刘义庆《世说新语·赏誉下》刘孝标

注引《续晋阳秋》："大才盘盘谢家安。"

雕盘绮食

意思：精美的器皿及食物。

出处/示例：唐·李白《扶风豪士歌》："雕盘绮食会众客，吴歌赵舞香风吹。"

风雨如盘（磐）

意思：形容风雨极大。盘（磐）：指大石头。

出处/示例：宋·孙光宪《北梦琐言·逸文卷二》："诗僧贯休《侠客》诗云：'黄昏风雨黑如磬，别我不知何处去？'"

根结盘据（根结盘固）

意思：形容基础牢固，势力强大。

出处/示例：《新唐书·文艺列传下·李翰传》："有如贼因江淮之资，兵广而财积，根结盘据，西向以拒，虽终歼灭，其旷日持久必矣。"

根盘蒂结

意思：根深蒂固，比喻基础深厚，不容易动摇。

出处/示例：明·李东阳《读〈唐史〉》："君子惟公言正论，不可则止，而根盘蒂结于君心者，不可猝拔。"

横戈盘马

意思：形容将士威风凛凛，准备冲杀作战的英勇姿态。

出处/示例：南宋·陆游《蝶恋花·桐叶晨飘蛩夜语》："忽记横戈盘马处，散关清渭应如故。"

龙盘凤舞（龙盘凤翥）

意思：比喻山川雄踞蜿蜒，有王者气象。

出处/示例：宋·方千里《西河·钱塘》词："都会地，东南王气须记。龙盘凤舞到钱塘，瑞烟回起。”

龙盘凤逸

意思：比喻怀才不遇。

出处/示例：唐·李白《与韩荆州书》：“一登龙门，则声价十倍，所以龙蟠凤逸之士，皆欲收名定价于君侯。”

龙盘虎拿

意思：指虬曲苍劲貌。

出处/示例：明·何景明《古松歌》：“龙盘虎拿终有神，白骨苍鳞半枯死。”

瓦器蚌盘

意思：泛指粗陋的食器。形容生活俭朴。

出处/示例：《陈书·高祖本纪》：“加以俭素自率，常膳不过数品，私飨曲宴，皆瓦器蚌盘，肴核庶羞，裁令充足而已。”

珠盘玉敦（朱盘玉敦）

意思：用珍珠装饰的盘子，用玉制作的盛器。特指古代天子、诸侯歃血为盟时所用的礼器。

出处/示例：《周礼·天官·玉府》：“若合诸侯，则共珠盘玉敦。”

守口如瓶　新酒旧瓶

按察司街遗址出土元代
青釉“李宅”梅瓶

我国是瓷器的故乡，瓷器是古代先民对人类文化的伟大贡献。瓷器种类繁多，多不胜数。在众多瓷器中，瓷瓶是一个很大的门类，形制繁复，令人惊叹。其特征是口小腹大，通常用于盛液体，是一种实用器。随着文明和物质水平的进步，瓶子逐步从实用性向兼具实用性和艺术性演变。最常见的瓷瓶有梅瓶、琮式瓶、玉壶春瓶、葫芦瓶以及天球瓶等。

接下来着重介绍一下玉壶春瓶和梅瓶。古瓶盛酒后簪花，花酒自古本一家，玉壶春瓶和梅瓶都有盛酒和插花的功能，也可以作为观赏器把玩。宋代萧泰来《亭坐》诗云：“公余终日坐闲亭，看得梅开梅叶青。可是近来疏酒盏，酒瓶今已作花瓶。”可见古人饮酒之后，随手在酒壶中注水插花是常有之事。玉壶春瓶，优美的外形与称谓一样富有诗意，冰清玉洁，坚硬晶莹。唐代著名诗人王昌龄《芙蓉楼送辛渐》：“寒雨连江夜入吴，平明送客楚山孤。洛阳亲友如相问，一片冰心在玉壶。”同时代的名相姚崇也曾作《玉壶赋》。该器形也是宋代之后人们倍加欣赏的一种瓶式。梅瓶，顾名思义，即放置梅花枝条的瓶子。梅瓶瓶口较小，十分适合于插梅，是古瓷中造型高雅的瓷器品种。古人爱梅，梅花寒冬绽放，在一年中最冷的时节傲立雪中，因此被认为是坚毅、高洁的象征。古人以梅的装饰作为雅致和淡泊名利、不同流合污的象征。除了插花，梅瓶也用来盛放美酒。

按察司街遗址出土
唐代黄釉瓷瓶

章丘合庄墓地出土
隋白釉长颈瓶

“守口如瓶”是大家熟知的成语，出自宋朝周密所著的《癸辛杂识别集》下：“富郑公有‘守口如瓶，防意如城’之语。”北

旧军门巷遗址出土元代
青釉刻花瓷瓶

化纤厂路元代墓出土
孔雀蓝釉梅瓶

宋大臣富弼年轻时很有才学，有人把他推荐给范仲淹，范仲淹对他非常欣赏，称他有“王佐之才”。范仲淹把富弼的文章给晏殊看，晏殊也觉得他很有才学，便把女儿嫁给了他，还把他推荐给宋仁宗。宋仁宗任命他为河阳判官，后来又升为开封府推官。不久，契丹屯兵边境，要北宋割地求和。朝廷派富弼前去交涉，他据理力争，终于保全了疆土。嘉祐年间，富弼官居宰相。后来，王安石推行新法，富弼因政见不同，遭到排挤，于是他告老回乡。神宗同意了，并加封他为韩国公。富弼乡居期间，还常常上书提出有益的意见和中肯的批评。神宗虽然不全部采纳，但仍很敬重他。富弼为人非常正直，从不随便表示自己的喜怒，办事也极其公正，不以权谋私。他曾对人说，一个人应当“守

高都司巷遗址出土
唐代白釉瓷瓶

卫巷遗址出土元代白釉
“道德清净”瓷瓶

卫巷遗址出土元代
酱釉四系瓶

卫巷遗址出土唐代
酱釉双鱼瓷瓶

山东女子学院元代墓
出土素烧双系瓷瓶

郎茂山元代墓出土
玉壶春瓷瓶

口如瓶，防意如城”，意思是说话要谨慎，办事要严格遏止自己的私欲。后来，人们就用“守口如瓶”形容说话谨慎或严守秘密。

赵朴初《片石集·前言》中语：“尽管‘新酒旧瓶’之讥在所难免，但主观愿望还是想依主席‘古为今用’的方针，做一点推陈出新的工作。”之后，“新酒旧瓶”比喻用旧的形式表现新的内容。李白《寄远十二首》第八首：“金瓶落井无消息，令人行叹复坐思。”诗中“金瓶落井”意思是金瓶掉落井底，比喻一去再无音讯。“挈瓶之知”意思是汲水用的瓶子装不了多少水，比喻知识浅薄，不能深明事理。

济南考古馆中展示了许多精美的瓷瓶。在章丘合庄墓地出土的隋代青釉盘口瓶与故宫博物院展示的隋代青釉盘口瓶极为相似。瓶盘口，

章丘合庄墓地出土
隋代青釉盘口瓷瓶

章丘女郎山古墓群出土宋代
白釉“侯家”四系瓷瓶

短颈，溜肩，长圆腹，圈足，线条流畅，釉色润泽，是隋代瓷器中少有的精品。在宽厚所街遗址出土了三件瓷瓶，其中一件宋代青釉琮式瓷瓶惊艳万分。该瓷瓶为龙泉窑瓷，器身仿玉琮造型，矮圆口，长方形身，四面有凸起横直条纹，圈足，口足大小相若，通体饰淡青釉，似青玉，为山东地区罕见的南宋精品瓷器。化纤厂路元代墓出土的孔雀蓝釉梅瓶通体蓝釉，造型秀美，曲线灵动，酷似美人。此梅瓶虽为单色釉，但并不让人感觉单调，说明当时

章丘女郎山古墓群出土
明代黄釉刻花玉壶春瓶

宽厚所街遗址出土
宋代青釉琮式瓶

的制瓷工匠已经掌握了该种釉料的性能及烧制单色釉瓷器的复杂技术，该梅瓶可谓当时民窑生产的上乘之作。在郎茂山家族墓出土的元代玉壶春瓷瓶素面无纹，侈口，细长颈，鼓腹下垂，圈足。此瓶造型简约含蓄、优雅动人，曲线转折自然流畅，是一件不可多得的玉壶春瓶精品。

成语释义

挈瓶之知

意思：汲水用的瓶，它装不了多少水。比喻知识浅薄，不能深明事理。亦作“智类挈瓶”“挈瓶之智”。

出处／示例：《左传·昭公七年》：“虽有挈瓶之知（智），守不假器，礼也。”西汉·刘向《战国策·赵策一》：“人有言，挈瓶之知（智），不失守器。”

守瓶缄口

意思：指闭口不言。亦作守口如瓶。

出处／示例：清·李渔《怜香伴·鞅望》：“我从今守瓶缄口，免被人嘲。”

井底银瓶

意思：银瓶掉到井底。比喻前功尽弃。

出处／示例：唐·白居易《井底引银瓶》诗：“井底引银瓶，银瓶欲上丝绳绝；石上磨玉簪，玉簪欲成中央折。”

瓶沉簪折

意思：瓶沉水底难觅，簪子折断难接。比喻男女分离。

出处/示例：唐·白居易《井底引银瓶》诗："井底引银瓶，银瓶欲上丝绳绝；石上磨玉簪，玉簪欲成中央折。瓶沉簪折知奈何，似妾今朝与君别。"

笔耕砚田　笔墨纸砚

喜爱挥毫泼墨的朋友对笔墨纸砚这文房四宝想必并不陌生，作为中国传统的书写工具，它们对传播中华文明、发展中华文化贡献良多。在文房四宝中，砚位居末席，大概是因为笔墨纸三宝

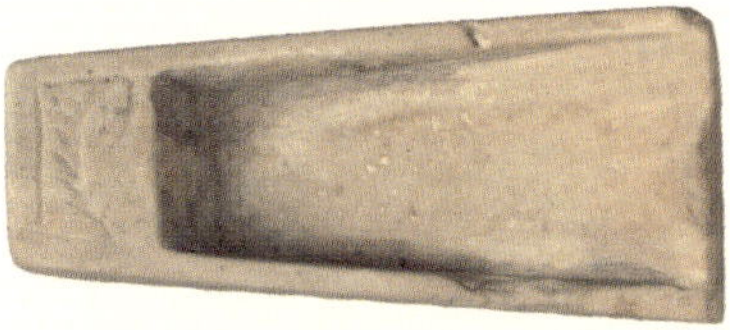

七家村宋墓群出土
灰陶砚

郎茂山元代墓出土
灰陶砚

作为有机物，不易留存，而砚质地坚实，能传之百代，出土与传世的古砚有相当数量，故成为文房四宝中的研究、鉴赏、收藏的重点。

砚亦称为研，汉末刘熙《释名》曰："砚者，研也，可研墨使和濡也。"指出砚是研墨的工具。早在新石器时代，我们的祖先就开始使用"研磨器"研制颜色、绘制图案。陕西临潼姜寨仰韶文化遗址出土一套用于陶器彩绘的研磨器具是砚的前身，而迄今所知最早的砚是湖北云梦睡虎地秦墓出土的石砚。汉至魏晋的石砚，盛行圆形三足式、四足式，雕刻风格浑朴，造型生动。汉代陶砚有龟形、山形、圆形、方形等。魏晋时，出现了瓷砚，多

魏家庄墓地出土汉代石砚

为青瓷砚，砚堂无釉，以利研磨，其形多为圆形蹄足。隋唐以后，由于制墨工艺的发展，墨质渐优，可不用研石，对砚的要求相应提高。唐时砚质、砚式都发生了较大变化，盛行龟式、箕式、山峰多足式砚。名砚石相继出现，如广东的端砚、山东的红丝砚、甘肃的洮砚等。这些砚材坚实、细腻、滋润、发墨，并具有各种纹理，如端砚有鱼脑冻、蕉叶白、冰纹等。至宋代，士人更重石砚，尤其珍爱端石。当时石砚的主要式样是“抄手砚”，将砚背部分挖空，便于挪移，既轻且稳。陶砚渐为石砚所取代，但澄泥砚仍有发展。宋砚朴素大方，实用美观。济南七家村墓地曾出土一件小巧的宋代灰陶砚。元砚雕刻风格比较粗犷、浑朴、自然。济南地区的郎茂山元代墓就曾出土一件元代陶砚。到明清时代，我国的制砚工艺更趋精湛，名砚佳品不断涌现。明砚讲究自然，出现了随形砚，因材制砚，形式多样，有莲叶、人面、新月、古钱、瓢、钱等，造型、雕饰古

魏家庄墓地出土汉代石砚板

朴典雅。清砚讲究精雕细刻，出现了许多石砚之作。当时，还非常讲究砚石的色泽、文采、声音、嫩润及年代、石坑、题铭等，砚已由实用转为艺术欣赏和珍藏了。在砚材上，石砚最为常见，材质出众者推端石、歙石、洮河石、澄泥、红丝石等名砚。除此之外，其他质地的砚品亦有生产，如陶、瓷、玉、砖、瓦、漆、水晶、玛瑙、翡翠等。

北宋书法家米芾爱砚几达狂颠地步。他做书学博士的时候，有一天，宋神宗与蔡京在艮岳这个地方谈论书法，宋神宗召米芾来，令他“书一大屏”，并指定要用御案上的端砚。

米芾接过文房四宝，一挥而就，字字如珠玑，获得满堂喝彩。米芾趁机捧着端砚，跪着对宋神宗请求说：“皇上，这砚您已经赐给臣用过了，现在不能够忍受再进御还给皇上吧……”宋神宗听后，哈哈大笑，随后便将这块珍贵的端砚作为奖赏赐给了米芾。米芾捧着端砚，高兴万分，手舞足蹈，“余墨沾渍袍袖”也在所不惜。宋神宗见状，对蔡京说：“颠名不虚得也。”米芾的“颠态”显出他对端砚的无比钟爱之情。

生活中我们也会用到许多与砚有关的成语。“笔耕砚田”是指以读写为职业。“磨穿铁砚”比喻立志不变或持久不懈地下苦功夫，也形容笔墨功夫之深。“文业砚田”旧时指以文墨为生的读书人。“磨穿枯砚”比喻读书用功，有恒心。

作为一种艺术表现体，砚集雕刻、书法、绘画等多种艺术表现形式为一体，兼具实用性与欣赏性。砚不仅为人们的文化生活提供了诸多便利，也让人们可以更加深入地感受艺术审美的乐趣，极大地推动了中华文明的繁荣。

成语释义

笔墨纸砚

意思：指书写工具。

出处/示例：清·荑荻散人《玉娇梨》第十六回："就叫家人将带来的笔墨纸砚分在各人面前，大家做诗。"

笔耕砚田

意思：比喻从事脑力劳动，以读写为业。

出处/示例：南朝梁·任昉《为萧扬州作荐士表》："既笔耕为养，亦佣书成学。"

磨穿铁砚

意思：把铁铸的砚台都磨穿了。比喻读书用功，有恒心。

出处/示例：元·范康《竹叶舟》第一折："坐破寒毡，磨穿铁砚。自夸经史如流，拾他青紫，唾手不须忧。"

铁砚磨穿

意思：铁铸的砚台被磨穿。形容立志不移，持久不懈。

出处/示例：元·王实甫《西厢记》第一本第一折："[混江龙]向《诗》《书》经传，蠹鱼似不出费钻研。将棘围守暖，把铁砚磨穿。"

添砖加瓦　八砖学士

提起盖房子，我们脑海里立刻就会浮现出钢筋、水泥等建筑材料。可是你有没有想过，古代没有钢筋水泥，那古人是怎样盖房子的呢？盖的房子又如何能保证建筑质量呢？其实古代有钱人家的房子都是纯木结构，可是普通百姓怎么办呢？别急，还有一种比木头更经济实惠的材料，它就是砖。

让我们来聊聊砖的前世今生吧。

府学文庙小泮池出土
中华民国刻党旗纹砖

莱芜区口镇古墓群
出土东汉博局纹砖

从考古资料来看，我国至迟在仰韶文化晚期，即史前时期就已经发明了砖。砖的制作和使用至少有了5000多年的历史。西周时期，制砖技术已经渐趋成熟，当时不仅能够烧制小型的长方形砖，而且已经较熟练地掌握了烧制大型空心砖的技能。战国至秦朝砖的制作和使用已经相当普遍，这个时期的制砖技术较西周时期又有了显著的进步和提高。这个时期不仅砖的出土数量和花式品种日益增多，而且砖的质量也较以前大幅提高。当时已不局限于用砖来构筑皇家宫殿与帝王陵墓，就连平民百姓也已经能够用砖建造自己的坟墓，说明砖的制作和使用在当时已经相当普及。当时的砖主要有两种类型，一种是长方形或方形实心砖，另一种是体形更大的长方形空心砖。不过，从考古发现来看，我国春秋战国至秦代时期的建筑物还主要为土木结构，其墙体大都用黏土夯筑而成。因此，砖在当时主要用于铺设地面、台阶或建造墓室，而不是砌墙。由于空心砖制作复杂，不宜大量生产，而小条砖具有制作容易、承重性强、砌筑方便、应用灵活等优点，至东汉时

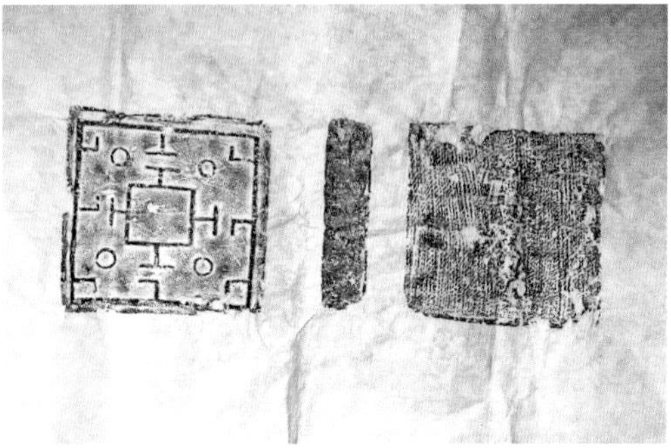

莱芜区口镇古墓群出土
东汉博局纹砖拓片

期小条砖逐渐代替了空心砖。魏晋以后，小条砖的应用更为广泛，产量也增加了。唐代铺地砖的使用比较普遍，在唐长安城大明宫龙尾道遗址中就出土了大量的素面和莲花纹方砖。

砖在中国古代的建筑发展过程中缔造了无数令世人惊叹的代表作品，比如万里长城、北京故宫、秦始皇陵、佛教砖塔等。值得一提的是明朝出现的一种“金砖”。明成祖朱棣在建造故宫时想要一种比石头和金属更坚实的材料，于是，他想到了“砖”。他命令用山东德州出产的黏土制砖并使用高温窑柴火连续烧 130 天，并且在出窑后再用桐油浸透 49 天。桐油容易浸透，一磨就会出光。这样制造的砖质地坚硬，敲打时有金石之声，故称“金砖”，即使已铺设故宫的地面五百年，不断被磨损，在今天依然完好。“金砖”的出现表明我国制砖业水平达到了一个全新的高度。

说到砖，还有一种砖不得不提，就是画像砖。画像砖是模印或刻画有画像或花纹的砖。画像砖是用模印和拍印方法制成的图画砖。画像砖起源于战国，盛行于两汉，是我国古代民间工艺

莱芜区口镇古墓群
出土东汉月宫纹砖

莱芜区口镇古墓群
出土东汉太阳纹砖

的杰出之作。它与我们今天盖房所用的砖有相似之处，都属于当世的建筑用砖。所不同的是，今天的砖多为工业用砖，但画像砖不仅仅是刻有花纹、画像的建筑用材，更重要的是作为一种墓葬装饰，画像砖还带有极强的艺术性和装饰性色彩。成组的画像砖在墓室中构成壁画，有的会用在宫殿建筑上。中国古代封建秩序等级森严，画像砖也成为古人日常生活与浪漫想象的重要寄托和出口。

我们经常使用的成语和俗语中也留下了砖的影子。“添砖加瓦”比喻为一件大事贡献出自己微薄的力量。“抛砖引玉”比喻用自己先发表的粗浅、不成熟的观点或文章去引出别人高明的意见或佳作。关于这个成语还有一个有趣的故事呢！据《历代诗话》《谈证》等书记述：唐代诗人赵嘏，以佳句“长笛一声人倚楼”博得大诗人杜牧的赞赏，人们因此称赵嘏为“赵倚楼”。当时另有一位名叫常建的诗人，一向仰慕赵嘏的诗才。他听说赵嘏来到吴地，料他一定会去灵岩寺游览，便先赶到灵岩，在寺前山墙上题诗两句，希望赵嘏看到后能添补两句，续成一首。果然赵嘏游览灵岩寺看到墙上两句诗，不由诗兴勃发，顺手在后面续了两句，补成一首完整的绝诗。常建的诗没有赵嘏写得好，他以较差的诗句引出赵嘏的佳句，后人便把这种做法叫作“抛砖引玉”。

2021 年济南市考古研究院对莱芜区口镇古墓群进行考古发掘，其中最重要的发现是出土汉末魏晋时期 10 余种不同纹样的

莱芜区口镇古墓群出土东汉楼阁人物砖

莱芜区口镇古墓群出土东汉菱形纹砖

莱芜区口镇古墓群
出土东汉车马纹砖

莱芜区口镇古墓群
出土东汉龙纹砖

花纹砖、画像砖。以博局纹砖铺设地面为济南地区第一次发现。除此之外，还出土了北斗七星以及玉兔、金蟾组成的月亮图像砖，大量的车马出行画像砖，特别是第一次发现的龙纹图像，展示出中国龙图腾在发展过程中的阶段形象。墓砖纹样如此繁多，为同时期山东地区少见，具有重要的研究价值。

成语释义

磨砖成镜（面壁磨砖）

意思：把砖石磨成镜子。比喻事情不能成功。

出处/示例：宋·道原《景德传灯录》卷五：“开元中有沙门道一住传法院，常日坐禅……师乃取一砖，于彼庵前石上磨。一曰：‘师作什么？’帅曰：‘磨作镜。’一曰：‘磨砖岂得成镜耶？’（师曰）：‘坐禅岂得成佛耶？’”

引玉之砖

意思：自己表示谦虚的话。比喻为了引出别人高明的意见而发表的粗浅的不成熟的意见。

出处/示例：宋·道原《景德传灯录》卷十：“比来抛砖引玉，却引得个墼子。”

八砖学士

意思：指懒惰的人。

出处/示例：唐·李肇《翰林志》：“冬中日及五砖，为入直之候，李程性懒，好晚入，恒过八砖乃至，众呼为‘八砖学士’。”

敲门砖

意思：敲门的砖石，门敲开后就被抛弃。比喻骗取名利的初步的工具。

出处/示例：宋·曾敏行《独醒杂志》卷五：“一日，冲元自窗外往来，东坡问：‘何为？’冲元曰：‘绥来。’东坡曰：‘可谓奉大福以来绥。’盖冲元登科时赋句也。冲元曰：‘敲门瓦砾，公尚记忆耶！’”

宁为玉碎　不为瓦全

去故宫游览时，大家有没有留意过一座座大殿顶上明黄色的琉璃瓦？毕竟此处经典甚多，总有些小细节会在不经意间溜走。可是当你登上景山俯瞰故宫的时候，相信一定会被那明黄色的琉璃瓦深深吸引吧。虽然现代瓦已经不经常出现在我们的生活中了，可历朝历代的建筑中却总少不了瓦的身影。

按察司街遗址出土北朝
兽面纹瓦当

按察司街遗址出土北朝花卉纹瓦当

按察司街遗址出土唐代莲花纹瓦当

关于瓦这个名称，《说文解字》中解释为："瓦，土器已烧之总名。象形。"段注："凡土器未烧之素皆谓之坯，已烧皆谓之瓦。"由此可见，瓦最初是对陶器的总称，后来才演变成专用的建筑屋顶构件名称。大多数瓦都是土烧制成的，因此可以说在人们会烧陶器时就会烧制瓦了，瓦和陶器应是同时出现的。按照瓦的材质分，瓦分青瓦、琉璃瓦、竹瓦、金瓦等很多种。

说到瓦，不得不说的就是瓦当了。瓦当，俗称瓦头、勾子。我国古代建筑中用于顶檐上的一种小小的建筑装饰构件，是屋檐最前端的一片瓦（也叫滴水檐）前端或位于其前端的图案部分。作为重要的屋面防水材料，它的使用始于西周早期。春秋末期和战国时期，瓦的使用增多。在列国城市遗址中都

旧军门巷遗址出土宋代兽面纹瓦当

旧军门巷遗址出土
战国卷云纹半瓦当

遗存了很多瓦件，其中有许多带图案的瓦当。各国瓦当的图案不同，反映出各国独特的文化艺术风格等。战国时期瓦的结构有了重要改进，就是把瓦钉和瓦身分离，这不仅增强了瓦的固结，而且使瓦坯的制作简化。秦汉时期是瓦的发展兴盛阶段。当时的瓦当图案丰富，有的还带有许多文字。瓦当在战国开始从半圆形向整圆形演化，至东汉时全部为圆形。王莽时期由于谶纬学盛行，而以四神象征四方是谶纬学的内容，故王莽宗庙的四门，一般东门用青龙瓦当，西门用白虎瓦当，南门用朱雀瓦当，北门用玄武瓦当。隋唐瓦当，尤其是唐代瓦当，大多是饱满的圆形，极少有秦代时的半圆形。而瓦当最富特点的部分是其表面上的纹样与雕刻，隋唐瓦当的纹样以莲花纹为主，莲花的花瓣突起较高，并且花瓣是双瓣形式。在宋代早期，瓦当纹样还基本承袭隋唐，大多为莲花纹。只不过，莲花瓣由早期的双瓣并突起，渐渐变为低平并且多是单瓣，宋初时莲瓣已成长为长条形。除莲花纹之外，宋代瓦当纹样还有其他许多形式，如梅花纹外加宝珠、花卉、人面

七家村宋墓群出土
花卉纹瓦当

像等。明清瓦当的花纹与前朝各代相比，最为丰富多彩。其中以龙、凤、花草纹样最为常见，皇家建筑中大多使用龙纹瓦当。

我们常用的成语和俗语中也有许多与瓦有关。“添砖加瓦”，比喻为一件大事贡献自己微薄的力量。“土崩瓦解”，比喻完全失败，不可收拾。“各人自扫门前雪，莫管他人瓦上霜”，比喻不要多管闲事。“上无瓦片，下无插针之地”，用来形容一无所有，贫困到了极点。“瓦玉集糅”，比喻好坏不分。“瓦釜之鸣”，比喻有才德的人被弃置不用，而无才德的平庸之辈却居于高位。“毁方瓦合”，意为毁去棱角，与瓦砾相合，形容毁弃自己的选择，迎合世俗。“瓦灶绳床”，用来形容人极其贫困。“断瓦残垣”，形容建筑物倒塌残破的景象。“布被瓦器”，形容人生活简朴。“碧瓦朱檐”，用来形容建筑物的华美。“瓦合之卒”，意为像破碎的瓦片一样凑在一起的士兵，比喻没有组织纪律的军队。“宁为玉碎，不为瓦全”，形容宁愿牺牲生命，也不愿苟且偷生。“声振屋瓦”，形容呼喊的声音宏大猛烈。

济南地区也出土了不少瓦文物。由于空间有限，济南考古馆中陈列着福慧禅林遗址出土的青绿色琉璃瓦 1 件，旧军门巷遗址出土的宋代兽面纹瓦当 2 件，从中可以管窥当时所属建筑的基本等级。

成语释义

冰消瓦解

意思：像冰融化、瓦分解一样。比喻完全消失或彻底崩溃。

出处/示例：晋·成公绥《云赋》：“于是玄气仰散，归云四旋，冰消瓦离，奕奕翩翩。”

黄钟瓦釜

意思：比喻高雅优秀的和庸俗低劣的，或指贤才和庸才。

出处/示例：《楚辞·卜居》：“世溷浊而不清，蝉翼为重，千钧为轻；黄钟毁弃，瓦釜雷鸣；谗人高张，贤士无名。”

飘瓦虚舟

意思：比喻凭空加害于人而又无从追究的事物。

出处/示例：《庄子·达生》：“虽有忮心者不怨飘瓦。”《山木》：“方舟而济于河，有虚船来触舟，虽有惼心之人不怒。”

片瓦无存

意思：一片瓦都没有了。形容房屋全部毁坏。

出处/示例：《明史·五行志一》：“贵州暴雪，形如土砖，居民片瓦无存者。”

土崩瓦解

意思：像土块散开、瓦片破碎一样。形容彻底崩溃，不可收拾。

出处/示例：东汉·班固《秦纪论》："秦之积衰，天下土崩瓦解。"

瓦解冰泮

意思：瓦器破碎，冰块融解。比喻失败、崩溃或消失。

出处/示例：汉·陈琳《檄吴将校部曲文》："则七国之军，瓦解冰泮。"

青堂瓦舍

意思：青灰砖砌的堂屋，灰瓦盖顶的住房。指大瓦房。

出处/示例：明·李开先《宝剑记》第十四出："你在这青堂瓦舍里坐的，到也自在，你这等涎皮赖脸的，俺这管监的吃风！"

不成三瓦

意思：比喻不能要求齐全。

出处/示例：《史记·龟策列传》："物安可全乎？天尚不全。故世为屋，不成三瓦而陈之。"

弄瓦之喜

意思：古人把陶纺锤拿给女孩玩，希望她将来能胜任女工。旧时常用以祝贺人家生女孩。

出处/示例：《诗经·小雅·斯干》："乃生女子，载寝之地，载衣之裼，载弄之瓦。"

珠光宝气　珠联璧合

不知从什么时候开始，佩戴珠子成为一种时尚。大街小巷的年轻人手中都把玩着一串串的珠子，材料从琉璃、蜜蜡到水晶石等等不一而足；而珍珠饰品则一直是饰品店中的爆款，旗袍与珍珠成为“标配”。你知道吗，古人对珠子的喜爱程度可不亚于咱们现代人，而且珠子还被玩出了各种花样呢。

从考古文献中我们得知，珠子早于人类文明出现。在孕育人类文明的两河流域时期，几乎每一个遗迹都有珠子的身影。从仰韶文化、河姆渡文化开始至夏家店、三星堆遗迹中都发现了玉、

七家村宋墓群出土
玛瑙珠

刘家庄遗址出土
商代玉珠

玛瑙、绿松石等材质的珠子，而且出土的数量与制作的工艺水平都非常惊人，也为我们了解人类文明的起源及发展提供了许多线索。与石器时代珠子具有的“神话”意义不同，夏商时代伊始，珠子被赋予了新的象征意义，开始作为社会等级的象征。到了西周时代，随着文明的进步，这种象征作用发展得更加完备。当时以珠玉为饰物不仅可以划分等级，表明身份尊卑，还可以规范行为礼仪甚至言谈举止，这也是古人以玉比喻君子风度的原因。到了春秋战国时期，“礼崩乐坏”，各个诸侯国又常年征战，珠玑玉佩不便于随身佩带，当时由秦人最先剔除了珠玉的社会等级象征，以印绶取而代之，逐渐成为新一轮的趋势，结束了古典的装饰制度。

汉代至魏晋南北朝时，珠子开始走向民间，一些有钱的老百姓对珠子的需求量大大增加。珠子作为装饰品，已经不单单是社会地位的象征，还可以理解为财富的象征。这个时间段内，民间信仰及吉祥寓意题材成为了珠子的主要内容。随着时间的推移，

长清崮云湖宋墓出土玛瑙珠

章丘女郎山古墓群
出土宋代玉髓珠

舜耕山庄清代墓出土
仿蜜蜡翡翠朝珠残件

历下区法院清代墓出土
骨质翡翠杂宝朝珠

人类文明持续进步，时至唐宋时期，国定民安，经济繁荣，商品化社会已经初步形成。此时，珠子具有了商品化的特征。而盛唐时期佛教盛行，僧侣修行所使用的念珠，以及大量与佛教相关或是与佛教发源地域民族配饰相关的珠子流入中原，使得珠子有了更多意义。同时，也使珠子完成了由统治阶级向普通人过渡这一过程。

元明清三代，除去贵族阶级对珠子的需求以外，在民间，珠子也被广泛使用。随着生产工具的进步，珠子的制作工艺及所选材质也越来越精细考究。特别是清代的朝珠，相信大家一定不会陌生。按清《会典》规定，自皇帝、后妃到文官五品、武官四品以上，皆可配挂朝珠。朝珠虽然是装饰品，但一般官员和百姓不能随意佩带。至于佩带何种质地的朝珠，也有严格的区分和等级规定。从官员胸前所佩带朝珠质地的好坏，可以看出官员的品级高低来。济南考古馆展示的清代文物中共有三盘朝珠。一盘出土于 2001 年 3 月发掘的历下区法院清代墓。墓主人是一位三品诰命夫人。这盘骨质翡翠杂宝朝珠保存完好、色调搭配相当协调，108 颗骨珠饱满圆润，光泽莹润如墨玉，绿色的翡翠分珠、佛头，紫水晶背云、4 个色彩各异的吊坠和 3 串白色文石念珠为整盘暗色的朝珠提亮，冷暖相得益彰，无不彰显墓主人的高贵身份。2002 年舜耕山庄清代墓出土了一盘仿蜜蜡翡翠琉璃朝珠。整体为蜜蜡黄色，工艺精致，每隔 27 颗珠子中夹入 1 颗仿翡翠绿琉璃分珠加以间隔，色泽温润，达到了以假乱真的程度。除此之外，山师东路清代墓还出土了一盘翡翠朝珠残件。这几枚朝珠配件均为翡翠琢制，珠大粒饱，匀称纯净，色泽莹润，堪称精品。

人们日常生活中有许多常用的成语与珠有关。“珠光宝气”，形容妇女佩戴的珍宝很多，显得十分华贵。“买椟还珠”，讲的是买下盒子，退还珍珠。比喻没有眼力，取舍不当。“探骊得珠”，指摸到黑龙下巴底下取得一颗珍珠，比喻诗文写作能抓住关键，紧扣主题，也比喻得到或见到珍奇之物。“明珠暗投”，指珍贵的宝珠落入不明价值的人手里，而得不到赏识或珍爱，比喻怀才不遇，高才屈居下位。“珠联璧合”，是指珍珠连成串，美玉放在一起，比喻杰出的人才或美好的事物聚集在一起。“字字珠玑”，描述了文章中遣词用字非常优美。“鱼目混珠”，是拿鱼眼睛冒充珍珠，比喻拿假的冒充真的。“掌上明珠”，比喻父母极其宠爱的儿女，也比喻极珍爱的物品。“有眼无珠”，比喻没有识别事物的能力。“人老珠黄”，比喻妇女老了被轻视，像珍珠一样年代久了变黄就不值钱。“隋侯之珠”，比喻珍贵的物品。“喷珠噀玉”，形容口齿伶俐，文辞优美。“珠玉之论”，

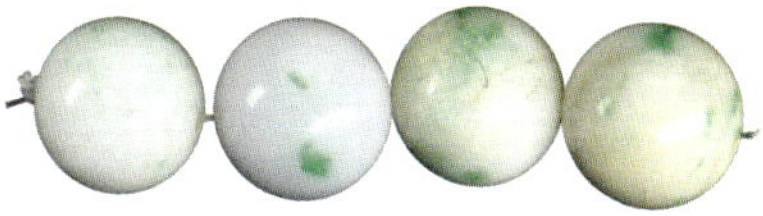

山师东路清代墓
出土翡翠珠

意思是形容精当的言论，卓越的见解。“妙语如珠”，指诗文中警句妙语很多。“珠规玉矩”，比喻人的言行纯正合乎规矩。“珠圆玉润”，指像珠子那样圆、像玉石那样滑润，形容歌声婉转优美或文字流畅明快。

了解了珠子的历史之后你是不是对珠子更加喜爱了呢？

成语释义

贝阙珠宫

意思：用珍珠宝贝做的宫殿。形容房屋华丽。

出处/示例：《九歌·河伯》：“鱼鳞屋兮龙堂，紫贝阙兮珠宫。”

沧海遗珠

意思：大海里的珍珠被采珠人所遗漏。比喻埋没人才或被埋没的人才。

出处/示例：《新唐书·狄仁杰传》：“仲尼称观过知仁，君可谓沧海遗珠矣。”

合浦珠还

意思：合浦是汉代郡名，在今广西合浦县东北。比喻东西失而复得或人去而复回。

出处/示例：《后汉书·循吏列传·孟尝传》：“（合浦）郡不产谷实，而海出珠宝，与交阯比境……尝到官，革易前敝，求民病利。曾未逾岁，去珠复还，百姓皆反其业。”

和璧隋珠

意思：比喻极珍贵的东西。

出处/示例：《韩非子·解老》：“和氏之璧，不饰以五采；隋侯之珠，不饰以银黄；其质之美，物不足以饰之。”

口吐珠玑

意思：珠、玑都是珠宝，圆的叫珠，不圆的叫玑。形容说话有文采。

出处/示例：元·无名氏《苏子瞻醉写赤壁赋》第一折：“因俺夫人闻知苏轼胸怀锦绣，口吐珠玑，有贯世之才。”

老蚌生珠

意思：原比喻年老有贤子。后指老年得子。

出处/示例：《北齐书·陆印传》：“吾以卿老蚌遂出明珠。”

隋珠弹雀

意思：用珍贵的夜明珠去弹鸟雀。比喻得不偿失。

出处/示例：《庄子·让王》：“今且有人于此，以隋侯之珠，弹千仞之雀，世必笑之。是何也？则其所用者重，而所要者轻也。”

米珠薪桂

意思：米贵得像珍珠，柴贵得像桂木。形容物价昂贵，人民生活极其困难。

出处/示例：西汉·刘向《战国策·楚策三》：“楚国之食贵于玉，薪贵于桂。”

升山采珠

意思：到山上去采珍珠。比喻办事的方向、方法错误，一定达不到目的。

出处/示例：《后汉书·刘玄传》：“兴化致理，譬犹缘木求鱼，升山采珠。”

仙露明珠

意思：比喻人风神秀异。也形容书法秀逸圆润。

出处/示例：唐太宗《大唐三藏圣教序》：“松风水月，未足比其清华；仙露明珠，讵能方其朗润？”

薏苡明珠

意思：薏米被进谗的人说成了明珠。比喻被人诬蔑，蒙受冤屈。

出处/示例：《后汉书·马援传》：“南方薏苡实大。援欲以为种，军还，载之一车。……及卒后，有上书谮之者，以为前所载还，皆明珠文犀。”

珠箔银屏

意思：珠缀的帘子，银制的屏风。多形容神仙洞府陈设华美。

出处/示例：唐·白居易《长恨歌》诗：“揽衣推枕起徘徊，珠箔银屏迤逦开。”

珠玉在侧

意思：比喻仪态俊秀的人在身边。

出处/示例：南朝宋·刘义庆《世说新语·容止》：“骠骑王武子是卫玠之舅，俊爽有风姿。见玠辄叹曰：‘珠玉在侧，觉我形秽。’”

一碗水端平 雪碗冰瓯

民以食为天，中国人吃米用碗，吃面用碗，喝汤、喝粥用碗，饮酒、饮茶也用碗，碗里盛着的不仅是食物，更是文化。碗的工艺和材质随着中华文明的严谨和文化的发展而不断变化，但它质朴的形状却从来没有改变。碗，已经成为中华饮食文化乃至制造工艺的代表和象征。

在茹毛饮血的原始社会，人们获得食物的方式主要是狩猎。但狩猎也要看运气，于是所有人不得不饥一顿饱一顿、有上餐没下餐地过日子。直到智慧的先民成功地种植谷物，人们才逐渐告别了不稳定的狩猎生活，开始了相对稳定的以种植为主的农业生

按察司街遗址出土
宋代青釉瓷碗

活。对于谷物的烹饪，就不能像肉一样用火烤，人们一点点摸索、一次次尝试，终于发现可以加水煮着吃。而煮熟的食物总得拿个容器盛着吃，于是，碗应运而生。早在新石器时代早期，就已经有了陶制碗的雏形，而在新石器时代的中期至晚期，灰陶、黑陶、彩陶等陶碗已屡见不鲜，甚至在河姆渡遗址还出土过木制的碗。当时的碗与今天的碗造型相似，普遍开口较大、足底较小，有的碗内外壁略带纹饰。夏、商、周三代，随着文明的发展，饮食的内容越来越丰富、形式越来越讲究，而碗已成为人们主要的餐具之一。即使在青铜文明高度发达的商周时期，陶碗仍是老百姓吃饭必备的家什。

按察司街遗址出土元代
钧釉菱花口瓷碗

高都司巷遗址出土唐代
白釉瓷碗

郎茂山元代墓出土
青釉瓷碗

汉代是我国古代漆

七家村宋墓群出土青釉瓷碗

七家村宋墓群出土白釉花口瓷碗

县西巷遗址出土元代钧釉瓷碗

工艺大发展的时期，漆制餐具因在耐用、轻便、美观等方面，远甚于青铜和陶器制品，逐渐成为贵族们追捧的潮流餐具。唐代的碗早已由粗制的陶碗进化为细致的青瓷碗。根据考古发现，彼时的碗已有直口、撇口、葵口等类型，碗底多为平底、玉璧底或环条形底。普通的碗施半釉，精致的碗施满釉，还带有一些简单纹饰。值得一提的是在唐代，碗的功能除了盛食，还能饮酒和饮茶，甚至饮酒和饮茶已上升为碗的主要功能。以碗饮茶还形成了“斗茶”之风，这是唐宋时期民间流行的一种雅玩文化，斗茶不但要斗茶品、斗茶令，还要比谁的茶碗好，这也加速了造碗技术甚至制瓷工艺的发展。

从元代开始，中国碗风格、造型发生了明显变化，随着制作工艺越来越成熟，

高都司巷遗址出土
宋代白釉深腹瓷碗

济南郎茂山元代墓出土
白釉“元”字瓷碗

其观赏、收藏价值也越来越高。不同于南宋的细腻婉约，元代的碗更加粗犷豪放，具体表现为高、大、厚、重。而元代的碗对中国碗的最大贡献是青花瓷，这是一种釉下彩瓷，是在瓷坯上描绘纹饰，再罩上一层透明釉，最后经高温烧制而成。济南地区的县西巷曾出土一件元代八思巴文瓷碗。八思巴文由元代忽必烈时期的国师八思巴所创造，成为元代的一种官方文字，但民间还是以使用汉字为主。而随着元代的覆灭，八思巴文也就不复存在了。到了明代，碗已不仅仅用于饮食，更成为文人雅士的玩物和摆件。清代的碗在各方面均胜过前朝，形状、釉色、纹饰更为丰富多样，

县西巷遗址出土元代
青釉刻花瓷碗

制作工艺更为精巧细腻，素三彩、五彩、粉彩装饰的宫廷皇家用碗尤其让人叹为观止。

随着时代的发展，制作饭碗的成本日渐降低。时至如今，更是出现了塑料餐具这种既不怕摔又成本低廉的产品。碗的变迁，代表着时代的进步，也是普通中国人智慧的结晶。

成语释义

衣食饭碗

意思：比喻赖以为生的职业或技能等。

出处/示例：元·李行道《灰阑记》楔子："俺女孩儿倒也肯嫁他，只是俺这衣食饭碗，如何便割舍得。"

雪碗冰瓯

意思：形容碗、盆等器皿洁白干净。也比喻诗文清雅。

县西巷遗址出土金代
钧釉深腹瓷碗

出处/示例：宋·范成大《次韵甄云卿晚登浮丘亭》诗：“葛巾羽扇吾身健，雪碗冰瓯子句清。”

箸长碗短

意思：形容家用器物凌乱不全。

出处/示例：明·凌濛初《二刻拍案惊奇》卷六：“等得王生归来，家里椅桌多不完全；箸长碗短，全不似人家模样，访知尽是妻子败坏了。”

吃着碗里瞧着锅里

意思：比喻贪心不足。

出处/示例：清·曹雪芹《红楼梦》第十六回：“那薛老大也是‘吃着碗里瞧着锅里’的。”

后 记

为深入挖掘院藏文物文化内涵，活化利用考古成果，2021年，济南市考古研究院在济南考古公众号与微博上推出了“成语说文物”系列，每周一期，以一类文物为切入点，通过介绍文物的历史、发展及用途引出与之相关的常用成语，并讲述成语背后蕴含的历史典故。以“文”说“物”、以“物”证“文”，形式新颖，视角独特，图文并茂，通俗易懂，从一个侧面深化了考古成果的转化。一经推出就受到社会各界的关注，反响热烈，遂结集成《成语说文物》一书，以飨读者。

本书由李铭、郭俊峰策划，刘丽丽、杨阳、刘慧敏、武艳华同志承担撰稿、组稿、选图、审校工作，郝素梅和杨阳同志负责本院文物摄影。在撰稿过程中，房振、何利、邢琪、刘秀玲等同志在百忙中给予指导，提供相关材料与图片。齐鲁书社责任编辑贺伟、马安钰积极协调出版事宜，对本书体例和内容提出多项宝贵建议。在此，对所有参与本书出版工作的同志表示诚挚的谢意。

由于时间紧迫、作者水平有限，书中涉猎内容难免存在疏漏，敬请广大读者批评指正！

2022年12月